Marie-Luise Schultze-Jahn

„... und ihr Geist lebt trotzdem weiter!“

Bibliothek
der Erinnerung

Herausgegeben von Wolfgang Benz

Band 10

Zentrum für Antisemitismusforschung
der Technischen Universität Berlin

Marie-Luise Schultze-Jahn

Unter Mitarbeit
von Anne-Barb Hertkorn

„... und ihr Geist lebt trotzdem weiter!“

Widerstand im Zeichen der Weißen Rose

Metropol

Die Deutsche Bibliothek – Titelaufnahme

„... und ihr Geist lebt trotzdem weiter!“
Widerstand im Zeichen der Weißen Rose /
Marie-Luise Schultze-Jahn / Unter Mitarbeit von
Anne-Barb Hertkorn. – Berlin : Metropol, 2003.
(Bibliothek der Erinnerung ; Bd. 10)
ISBN : 3-936411-25-5

2. Aufl. 2004

Kurfürstenstr. 135
D–10785 Berlin
www.metropol-verlag.de
Druck: Primus Solvero, Berlin

Inhalt

Wolfgang Benz

Studentischer Widerstand gegen den Nationalsozialismus

Nur etwa 7000 Menschen, die Widerstand gegen den Nationalsozialismus geleistet haben, sind namentlich bekannt. Wenige Prominente finden sich in Geschichtsbüchern, die Namen anderer stehen auf Gedenktafeln und sind im lokalen Umkreis noch bekannt, viele sind längst vergessen, die meisten waren nie populär, also allgemein bekannt. Zu ihnen gehören die Münchner Studenten Hans Leipelt und Marie-Luise Jahn, die im Umkreis der „Weißen Rose" Widerstand geleistet haben.

Die Bezeichnung Widerstand fasst als Oberbegriff verschiedenartige Einstellungen, Haltungen und Handlungen zusammen, die gegen den Nationalsozialismus als Ideologie und praktizierte Herrschaft gerichtet waren. Im weitesten Sinn sind darunter sogar die ins Exil geflohenen Antifaschisten zu sehen, die wenig oder gar keine Möglichkeit hatten, etwas ähnlich Entscheidendes gegen die Regierung Hitlers zu unternehmen wie die Männer, die das Attentat des 20. Juli 1944 unternahmen. Zum Widerstand rechnet man damit auch diejenigen, die sich weder durch Lockung noch durch Zwang vom Nationalsozialismus vereinnahmen ließen; die ihre geistige Unabhängigkeit, ihre demokratische oder rechtsstaatliche Überzeugung, die Werte und Normen ihres Milieus – etwa im Rahmen der Arbeiterbewegung oder innerhalb kirchlicher und sonstiger religiöser und weltanschaulicher Bindung – bewahrten. Widerständig verhielten sich in diesem Sinne auch Deserteure, die nicht länger in Hitlers Armeen kämpfen wollten, und Widerstand war es auch, Verfolgten des Regimes zu helfen, etwa Juden zu verstecken oder Zwangsarbeitern Menschlichkeit zu erweisen.

Im engeren Sinne ist zwischen kritischen bis abweisenden Haltungen der Verweigerung und Selbstbehauptung einerseits und bewussten Anstrengungen zur Änderung der Verhältnisse andererseits zu unterscheiden. Opposition gegen das Unrechtsregime war noch nicht gleichbedeutend mit persönlichem Einsatz und den damit verbundenen Gefährdungen. Diesen setzte sich jeder aus, der mit Flugblättern, Wandparolen, als Kurier zu Regimegegnern im Ausland aktiv war oder einem Verschwörerkreis angehörte, in dem der Sturz der Diktatur und eine neue Staats- und Gesellschaftsordnung geplant wurden.

Verweigerung (als persönliche Abwehr von Herrschaftsanspruch und Selbstbehauptung von Gruppen), Opposition (als Haltung grundsätzlicher Gegnerschaft) und Widerstand als bewusstes Handeln waren Formen kritischer und gegnerischer Einstellung zum NS-Regime. Sie bauten aufeinander auf und steigerten sich von der passiven Abwehr zum aktiv verwirklichten Wunsch nach Veränderung des Regimes.

Auch die Historiker haben Probleme mit der Definition von Widerstand gegen den Nationalsozialismus. In der Bundesrepublik herrschte lange Zeit die Vorstellung, es sei ein „Widerstand ohne Volk“ gewesen, den nur wenige Angehörige traditioneller Eliten geleistet hätten, während „das Volk“ in Begeisterung zum Regime verharrte. In der DDR wurden hingegen die Aktionen der Kommunisten als allein gültiger Antifaschismus glorifiziert. Um die Verweigerung, die sich im Kampf um Kruzifixe in den Schulen, in der Vermeidung des „Heil-Hitler-Grußes“ oder durch das Hören ausländischer Rundfunksender ausdrückte, um schließlich alle Haltungen von Opposition in den Widerstand einzubeziehen, wurde der Begriff „Resistenz“ eingeführt. Ihm waren folgende Merkmale zugeordnet: „Wirksame Abwehr, Begrenzung, Eindämmung der NS-Herrschaft oder ihres Anspruchs, gleichgültig von welchen Motiven, Gründen und Kräften her" (Martin Broszat). Diese Begriffsbestimmung aus den frühen achtziger Jahren hat sich nicht durchgesetzt. Der schwerstwiegende Einwand dagegen lautet, dass fast jedes nicht Regime-konforme Alltagsverhalten, ohne Rücksicht auf die Motive, unter diesen „erweiterten Widerstandsbegriff" falle, dass somit jeder, der dem NS-Regime nicht ständig Beifall spendete, schon Widerstand geleistet hätte (Andreas Hillgruber).

Um der damaligen Wirklichkeit zu entsprechen und um den verschiedenen Formen von Opposition gerecht zu werden, ist Widerstand im eigentlichen Sinn nicht nur als Haltung zu definieren, sondern als Handeln, das auf grundsätzlicher Ablehnung des Nationalsozialismus beruhte, das aus ethischen, politischen, religiösen, sozialen oder individuellen Motiven darauf abzielte, zum Ende des NS-Regimes beizutragen. Voraussetzung und Anlass war eine Haltung von Dissens zum nationalsozialistischen Regime (Ian Kershaw) oder von „weltanschaulicher Dissidenz" (Richard Löwenthal). Widerstand wurde daraus, wenn diese Haltung sich zur Absicht verdichtete, eine Änderung der Verhältnisse herbeizuführen. Widerstand im eigentlichen Sinne war dann jeder „bewusste Versuch, dem NS-Regime entgegenzutreten" (Christoph Kleßmann) und die damit verbundenen Gefahren auf sich zu nehmen.

An den Universitäten gab es nur wenig Widerstand gegen den Nationalsozialismus. Die Studentenschaft hatte die Hitler-Bewegung weithin begeistert begrüßt und ihr schon vor 1933 die Wege in den Universitäten geebnet. Gegen die Reglementierung des studentischen Lebens und die weltanschauliche Schulung äußerten später dann viele Widerwillen, der aber nicht grundsätzliche Ablehnung des NS-Staats bedeutete. Neben individueller

Verweigerung aus ethischen Gründen gab es eine andere Form der Abwehr. Sie nährte sich aus Gefühlen der Überlegenheit sowohl im gesellschaftlichen als auch im Bildungsbereich und drückte sich in Kritik am proletenhaften Auftreten der NS-Führer und in der Ablehnung des gleichmacherischen Anspruchs der Volksgemeinschafts-Ideologie aus. Man hielt die Nazis für primitiv und blieb unter sich, ohne diese sozial motivierte oppositionelle Haltung nach außen zu demonstrieren.

Grundsätzliche, weltanschaulich oder politisch begründete Ablehnung zeigten in den Jahren 1933 bis 1939 christlich engagierte (insbesondere in den theologischen Fakultäten) und linke Studenten, die bis 1933 in Organisationen der KPD oder in sozialistischen Vereinigungen agiert hatten („Rote Studentengruppen"). Weitgehend isoliert und zahlenmäßig äußerst gering waren die „Zellen" eher Diskussionszirkel, die von vornherein auf oppositionelle Aktivitäten verzichteten. Der Medizinstudent Wolf Zuelzer war im Frühjahr 1933 kurze Zeit Mitglied einer solchen Gruppe in Berlin: „Wir waren zu fünft, kannten einander nur beim Vornamen und trafen uns in abgelegenen Stadtteilen. Aber statt praktische Möglichkeiten aktiven Widerstands zu besprechen, drehte sich die Diskussion um marxistische Dialektik: War der Nationalsozialismus eine notwendige Phase der Weltgeschichte? War es richtig gewesen, dass die Kommunisten den Nazis im Reichstag Hilfestellung geleistet hatten bei der Zerstörung der Weimarer Republik? War das kapitalistische System am Ende seiner Kräfte? ... und so weiter. Für derlei Spekulationen wollte ich meine Haut nicht zu Markte tragen. Nach etwa drei Monaten trat ich aus."

Versuche, organisierten Widerstand zu leisten – durch Verteilung von Flugblättern vor allem –, gab es an wenigen Hochschulen, z. B. in Berlin, Hamburg, Marburg und Leipzig. Zu den spektakulären Aktionen gehörte die Papierbombe, die am 1. August

1934 im Lesesaal der Berliner Universitätsbibliothek explodierte und kleine Zettel mit der Botschaft „Brandstifter am Werk“ streute. Solche Manifestationen dienten allerdings mehr der Selbstbetätigung als der Werbung von Regimekritikern. Immerhin machten diese Aktionen die Behörden so nervös, dass die Fahndung nach den Regimegegnern mit äußerster Kraft und entsprechendem Erfolg betrieben wurde.

Im Zweiten Weltkrieg regte sich stärkerer studentischer Protest. Es waren andere Motive als in den Jahren bis 1939 und es war auch eine andere Studentengeneration, die den Protest formulierte. Die wichtigste Widerstandsgruppe, die am meisten beachtet wurde, war die Weiße Rose in München. Den Kern dieser Gruppe bildeten fünf Studenten, zwischen 21 und 25 Jahren alt: Hans und Sophie Scholl, Willi Graf, Christoph Probst und Alexander Schmorell. Ihr Mentor war der Musikwissenschaftler und Philosoph Professor Kurt Huber, der schon vorher mit den Nationalsozialisten in Konflikt geraten war. Zur Weißen Rose gehörte noch etwa ein weiteres Dutzend Studenten, Intellektuelle, Künstler, es war ein nicht organisierter Freundeskreis.

Im Juni und Juli 1942 tauchten in München insgesamt vier Flugblätter auf, verfasst im Wesentlichen von den beiden Medizinstudenten Hans Scholl und Alexander Schmorell. Diese Flugblätter richteten sich an das gebildete Bürgertum, aus dem die Verfasser stammten. In pathetischer Sprache, mit vielen Zitaten aus der klassischen Literatur und christlich-moralischen Appellen wurde zum passiven Widerstand gegen den verbrecherischen Krieg des Hitler-Regimes aufgerufen. Die christlich-humane Prägung der Studenten aus konservativem Elternhaus war unverkennbar. Ebenso der aus der bündischen Jugendbewegung stammende moralische Rigorismus. Ihr Idealismus und ihr unbedingtes Bekenntnis zur Humanität machten den Widerstand der Münchner Studenten überzeugend. Gespräche mit den katholischen

Publizisten Carl Muth und Theodor Haecker und vor allem ab Ende 1942 der Einfluss ihres akademischen Lehrers, Professor Kurt Huber, legten den Grund für die oppositionelle Haltung der Studenten. Kriegsdienst in einer Studentenkompanie an der Ostfront führten Willi Graf, Alexander Schmorell und Hans Scholl im Sommer 1942 die Sinnlosigkeit und Grausamkeit des Krieges vor Augen und bestärkten sie in der Absicht, nach ihrer Rückkehr im November 1942 Widerstand durch politische Aufklärung der Öffentlichkeit zu leisten und die Vision eines neuen Europa nach dem Ende des Dritten Reiches zu verkünden.

Die beiden letzten Flugblätter der Weißen Rose unterschieden sich stilistisch und im Inhalt deutlich von den eher schöngeistigen und literarischen ersten vier Botschaften. Präzise und politisch unmissverständlich verwiesen die Verfasser im Januar und im Februar 1943 auf die aussichtslose Kriegslage nach der Katastrophe von Stalingrad und riefen zum aktiven Kampf gegen den NS-Staat auf, dessen Verbrechen sie beim Namen nannten.

Beim Verteilen ihrer Flugblätter im Lichthof der Münchner Universität wurden die Geschwister Scholl von einem Bediensteten Hausmeister festgehalten und einer Gestapo-Sonderkommission übergeben. Vier Tage später standen sie zusammen mit Christoph Probst vor dem Volksgerichtshof. Die Todesurteile wurden noch am gleichen Tag vollstreckt. Im April 1943 gab es einen zweiten Prozess gegen vierzehn weitere Mitglieder der Weißen Rose. Willi Graf, Kurt Huber und Alexander Schmorell wurden zum Tode verurteilt, die anderen zu Haftstrafen.

In etwas anderer Form lebte die Weiße Rose an der Hamburger Universität weiter. Die Medizinstudentin Traute Lafrenz hatte Ende 1942 Flugblätter aus München nach Hamburg mitgebracht. Ihr Schulfreund Heinz Kucharski, Student der Philosophie und Orientalistik, verteilte sie mit Hilfe einer Gruppe oppositioneller Studenten. Heinz Kucharski war auch mit dem

Münchner Studenten Hans Leipelt befreundet. Die Gestapo kam dem Hamburger oppositionellen Studentenkreis Ende 1943 auf die Spur. Am 17. April 1945 standen Mitglieder der Hamburger Weißen Rose vor dem Volksgerichtshof. Heinz Kucharski wurde zum Tode verurteilt, konnte aber auf dem Weg zur Hinrichtung fliehen. Die anderen Mitglieder wurden von alliierten Truppen im April 1945 befreit, einige starben während der Haft entweder im Gefängnis oder im KZ.

Die Studenten der Weißen Rose wurden nach dem Untergang des nationalsozialistischen Staates zum Mythos. Das erklärt sich nicht nur daraus, dass Nachkriegsdeutschland so arm an positiven Traditionen war. Zwölf Jahre NS-Herrschaft hatten auch die sinnstiftenden Erinnerungen an frühere deutsche Geschichte beschädigt. „Widerstand" war das Zauberwort, das neue Tradition begründen half und unter diametralen Vorzeichen in Ost und West instrumentalisiert wurde. Zu den Legitimierungsmythen der DDR gehörte der kommunistische Widerstand, die Gedenkrituale der Bundesrepublik waren an den 20. Juli 1944 fixiert.

Die Studenten der Weißen Rose ließen sich nicht vereinnahmen, denn ihr Widerstand war keiner Ideologie dienstbar gewesen, sie hatten sich ausschließlich an der Freiheit des Individuums orientiert, hatten Solidarität ohne Eigennutz den Verfolgten – auch den Juden – gegenüber gefordert und die Verantwortung des Einzelnen betont: „Wenn jeder wartet, bis der Andere anfängt, werden die Boten der rächenden Nemesis unaufhaltsam näher und näher rücken, dann wird auch das letzte Opfer sinnlos in den Rachen des unersättlichen Dämons geworfen sein" (2. Flugblatt der „Weißen Rose"). Im letzten Flugblatt, jenem, das noch nach dem Tod der Geschwister Scholl und ihres Freundes Christoph Probst kursierte, für dessen Verbreitung Hans Leipelt hingerichtet und Marie-Luise Jahn ins Zuchthaus geworfen wurde, heißt es: „Im Namen der ganzen deutschen Jugend fordern wir von dem Staat Adolf Hitlers die persönliche Freiheit, das kostbarste Gut des Deutschen zurück, um das er uns in der erbärmlichsten Weise betrogen hat".

Das war Widerstand in seiner reinen Form.

Marie-Luise Schultze-Jahn

Erinnerungen an unsere Widerstandsarbeit 1942/43 in München

I

Nach seinem Abitur 1938 absolvierte Hans Leipelt den Reichsarbeitsdienst. Für seinen Einsatz beim Bau der Bunkeranlagen am Westwall wurde er mit dem Westwall-Abzeichen ausgezeichnet. Im November 1938 meldete er sich zur Wehrmacht und kämpfte nach Ausbruch des Zweiten Weltkrieges am 1. September 1939 in Polen und später in Frankreich. Trotz seiner militärischen Auszeichnungen wurde er am 29. August 1940 als so genannter „jüdischer Mischling 1. Grades" für „wehrunwürdig" erklärt und aus der Wehrmacht ausgeschlossen.

Nachdem er sein 1940 begonnenes Chemiestudium an der Hamburger Universität wegen massiver Behinderungen und Schikanen abgebrochen hatte, gelang es Hans Leipelt, für das Wintersemester 1941/42 eine Genehmigung für die Fortsetzung seines Studiums am Chemischen Staatslabor in München, das unter der Leitung von Nobelpreisträger Professor Heinrich Wieland stand, zu erhalten. Dort lernte er Marie-Luise Jahn kennen, die bereits seit 1940 im Chemischen Staatslabor studierte.

***

Winter 1941: Ein neues Gesicht im Chemischen Labor machte mich neugierig. Hans Leipelt weckte meine Aufmerksamkeit durch seine kenntnisreiche und lebhafte Art, über Bücher zu sprechen, die seit 1933 verboten waren. Das faszinierte mich, denn es war sehr ungewöhnlich – normalerweise beschränkten sich die Unterhaltungen im Labor auf die Diskussion von chemischen Formeln und Reaktionen. Die Schriftsteller aber, über die Hans Leipelt sprach, waren mir wohl bekannt.

Literatur, die damals verboten war, fand ich schon als Schulkind im Bücherschrank meiner Mutter, ohne jedoch zu ahnen, dass diese Bücher – u. a. von Stefan Zweig, Lion Feuchtwanger oder Thomas Mann – verboten waren. Ich glaube, meine Mutter wusste das auch nicht. In unsere ostpreußische Enklave auf dem Land drangen die Nachrichten über die furchtbaren politischen Ereignisse seit der Machtübernahme am 30. Januar 1933 durch die Nationalsozialisten nur am Rande.

Was mich an den Büchern am meisten begeisterte, war neben der Sprache die präzise und einfühlsame Beschreibung von Menschen. Die Schriftsteller besaßen die Fähigkeit, die Vielschichtigkeit der Menschen mit all ihren Vorzügen und seelischen Abgründen aufzudecken. Sie zeichneten in ihren Romanen das Bild von lebendigen Personen, von differenzierten Charakteren und nicht – wie in der nationalsozialistischen Propagandaliteratur – das Bild von stereotypen Helden.

Der Bücherschrank meiner Mutter barg auch viele Kunstbücher, die ich mir schon als Kind gerne ansah. Ich weiß noch, dass ich dann immer im Zimmer meiner Mutter, dem so genannten Damenzimmer, auf einem altrosafarbenen Seidensmyrna auf dem Boden lag und in die Betrachtung der Bilder über die Bauten und Kunstwerke der Romanik, der Gotik oder der Renaissance vertieft war.

Die Bücher meiner Mutter übten einen starken Einfluss auf mich aus. Sie prägten meine Einstellung zu Menschen und meine Sicht der Dinge. Sie wurden damit – zuerst noch ganz unbewusst

Abb. 1: Chemisches Institut der Ludwig-Maximilians-Universität München 1943

*Abb. 2:
Nobelpreisträger Geheimrat
Prof. Heinrich Wieland
im Labor.*

für mich – zum entscheidenden Gegengewicht gegenüber der nationalsozialistischen Ideologie und ihrem heroischen Kunstverständnis.

Anfang 1942 lernten Hans und ich uns näher kennen. Unsere Freundschaft begann mit langen und intensiven Gesprächen über Stefan Zweig, Thomas Mann und Bertolt Brecht. Im März gingen wir zum ersten Mal gemeinsam im Englischen Garten spazieren. Es war ein wunderschöner, vorfrühlingshafter Abend. Wir genossen den Blick vom Monopteros in einen sanft roten Abendhimmel und tauschten dabei die ersten Zärtlichkeiten aus. Danach gingen wir frisch verliebt zu Hans in seine Studentenbude, die er mit einem Hamburger Jurastudenten teilte.

Auch wenn Hans während der ganzen Zeit unserer Freundschaft wenig darüber sprach, so spürte ich doch von Anfang an eine große Verletztheit, die vor allem daher rührte, dass er als so genannter „Halbjude" – seine Mutter war Jüdin – zunehmend den Demütigungen und Diskriminierungen durch die nationalsozialistische Rassenpolitik ausgeliefert war. Er litt sehr darunter. Seine Stimmung schwankte ständig zwischen ohnmächtiger Wut und Aggressivität gegenüber der menschenverachtenden Ideologie und Politik der Nazis. Seine mitunter lautstarken Wutausbrüche über das Regime konnte ich erst mit der Zeit als das deuten, was sie wirklich waren: Ausdruck einer tiefen Kränkung und einer ebenso tiefen Sehnsucht nach Geborgenheit.

Aber es gab auch Zeiten, in denen wir eher übermütig waren. Und dann ließen wir es uns nicht nehmen, dem Regime sozusagen ein Schnippchen zu schlagen. Einmal konnte ich – heimlich, unterm Ladentisch – in einer uns bekannten Buchhandlung etliche Holzschnitte mit Dramen von Ernst Barlach erstehen. Mit unserer verbotenen Beute gingen wir dann, stolz wie die Kinder, ins „Haus der Kunst" zur jährlichen Ausstellung nationalsozialistischer Kunstwerke – ein heimlicher, kleiner Protest. Oder wir stellten mein

Abb. 3: Hans Leipelt als Soldat 1939

Koffergrammophon auf das Fensterbrett von Hans' Studentenbude und spielten in voller Lautstärke meine amerikanischen Jazzplatten. In der Wohnung über seinem Zimmer lebte ein bekannter Organist, ich glaube Pembauer mit Namen, und wir warteten gespannt auf seine wüsten Drohungen wegen dieser „entarteten Musik". Aber nichts dergleichen geschah, vielleicht behagte sogar diesem Organisten der Rhythmus der Musik. Abends gingen wir oft in den „Simpl", wo Fred Endrikat aus einem großen Telefonbuch lesend seine Glossen zum Dritten Reich zum Besten gab.

Mittlerweile war es Sommer geworden, und ich machte gar kein gutes chemisches Vordiplom. Ich ging lieber jeden Abend mit Hans im Englischen Garten spazieren, anstatt zu pauken. Wir nutzten wirklich jede freie Minute. Was unter anderem zur Folge hatte, dass wir häufig unsere Untermietzimmer wechseln mussten. Denn es galt ja strikt die Regel, den Herrenbesuch bis spätestens 22 Uhr fortzuschicken. An diese Regel haben wir uns natürlich nie gehalten. Und so kam es immer wieder zu Kündigungen. Wir fanden das ständige Umziehen recht amüsant. Es gab genügend freie Zimmer, auch in Schwabing, wo wir unbedingt wohnen wollten. Bei jedem neuen Umzug diente uns ein Handwagen, wir nannten ihn „Kindersarg“, als Transportmittel für die wenigen Habseligkeiten, die wir hatten. Und so zogen wir fröhlich wechselseitig in die nächste Bude.

Hans und ich zeigten auch nach außen hin unsere Freundschaft. Oft gingen wir wie selbstverständlich untergeärmelt durch das Chemische Labor. Ich dachte dabei an nichts Unrechtes. Diese offensichtliche Vertrautheit missfiel jedoch einem regimetreuen Kollegen. Er denunzierte uns beim NS-Studentenführer Berg. Ich wurde schriftlich zu ihm beordert. Der Studentenführer, der mir sehr unsympathisch war, hielt mir eine Standpauke und warf mir vor, wie ich dazu käme, als „deutsches Mädchen“, dessen Vater und Bruder an der Front kämpften, mit einem „nichtarischen“ Studenten befreundet zu sein. Es war mir ein Rätsel, woher er von meiner Familie wusste. Ich erwiderte ihm, dass Hans in Polen und Frankreich gekämpft habe und dafür sogar ausgezeichnet worden sei. Bis er dann mit dem Vermerk „nicht mehr wehrwürdig“ aus der Wehrmacht ausgeschlossen worden war. Berg sagte nichts mehr. Er entließ mich und es kam zu keinen weiteren Beschimpfungen mehr. Trotzdem waren Hans und ich nun vorsichtiger. Wir arbeiteten in verschiedenen Laborsälen und trafen uns nur noch regelmäßig zum Mittagessen. Wie ich erst nach 1945 erfuhr, hatte Professor Wieland von der Denunziation erfahren. Er ließ den Studenten zu sich kommen und muss ihn gehörig „heruntergeputzt" haben. Daraufhin verhielt sich der Student – wahrscheinlich nur aus Sorge, sein Studium bei Professor Wieland nicht zu gefährden – ruhig. Hans und ich hatten auf jeden Fall keine weiteren Schikanen mehr zu ertragen.

Den Großteil der Sommerferien verbrachte ich zu Hause in Ostpreußen. Von dort schrieb ich viele Briefe, mit zum Teil sehr kritischen Bemerkungen über die politische Lage, an Hans, der bei seiner Mutter und Schwester in Hamburg war. Wie ich erst nach meiner Rückkehr nach München von ihm erfuhr, hatte sich die Situation seiner Familie dramatisch verschlechtert. Sein Vater war im September 1942 gestorben. Das hatte, neben allem Kummer, auch noch zur Folge, dass Hans' Mutter seitdem als so genannte „Volljüdin" den Demütigungen und Diskriminierungen durch die NS-Behörden völlig schutzlos ausgeliefert war. Ebenso wie seine Schwester Maria, die aus der öffentlichen Schule geworfen worden und nur mit Mühe in einer privaten Handelsschule untergekommen war. Am furchtbarsten aber war für alle die Deportation der 76-jährigen Großmutter Hermine Baron in das Konzentrationslager Theresienstadt.

So waren die letzten Monate des Jahres 1942 geprägt und überschattet von Hans' tiefer Niedergeschlagenheit. Dabei war er ständig wie zwischen zwei Polen hin- und hergerissen: als Ausgegrenzter Halt und Schutz suchend und als zutiefst Verletzter rücksichtslos um sich schlagend, gleichgültig darüber, wen er dabei traf und wieviel Schaden es für ihn selbst bedeutete.

Unsere Freundschaft hatte sich sehr vertieft. Daran änderte auch die Tatsache nichts, dass Hans sich immer wieder mit anderen Frauen einließ. Natürlich tat mir das sehr weh. Er kam dann immer zu mir, erzählte mir von den Treffen und sagte: „Wenn es dich stört, dann lasse ich es." Doch ich kannte ihn gut genug, um zu wissen, dass er es nicht aufgeben konnte. Ich ließ ihn gewähren, da ich mir sicher war, dass er immer wieder zu mir zurückkommen würde. Der Wert und die Bedeutung unserer Freundschaft wurde dadurch nicht berührt. Uns einte das Gespräch. Uns einte die Liebe zu ausgewählter Literatur, Musik und Kunst. Uns einte die gemeinsame Ablehnung des verhassten Regimes. Und über allem gab es für uns das Gefühl einer tief wurzelnden, emotionalen Verbundenheit, die am Ende keiner Worte bedurfte.

II

Im Juni/Juli 1942 erschienen vier von Hans Scholl und Alexander Schmorell verfasste Flugblätter der Weißen Rose. Sie waren mit der Schreibmaschine geschrieben, vervielfältigt und aus verschiedenen Städten mit der Post versandt worden. Ein halbes Jahr später tauchte dann die an „alle Deutsche" gerichtete fünfte Schrift „Flugblätter der Widerstandsbewegung in Deutschland" auf.

Am 13. Januar 1943 kam es in München zu einem außergewöhnlichen Studentenprotest. Anlässlich der 470-Jahrfeier der Münchner Universität hielt Gauleiter Giesler im Kongresssaal des Deutschen Museums eine Rede vor der versammelten Studentenschaft, in der er in geschmackloser Weise die Studentinnen dazu aufforderte, dem „Führer" lieber ein Kind zu schenken als zu studieren. Er wurde daraufhin ausgepfiffen. Da die meisten Studenten in Wehrmachtsuniform erschienen waren, zögerte die herbeigerufene Polizei, Verhaftungen vorzunehmen.

Nach der verheerenden Niederlage der 6. Armee in Stalingrad schrieb der Münchner Philosophieprofessor Kurt Huber Anfang Februar 1943 das sechste und letzte Flugblatt der Weißen Rose. Hans Scholl und Alexander Schmorell malten nachts an die Haus-

wände in der Ludwigstraße die Parolen „Nieder mit Hitler" und „Freiheit", wobei Willi Graf „Schmiere" stand.

Bei der Verteilung des 6. Flugblatts in der Münchner Universität am 18. Februar 1943 wurden Hans und Sophie Scholl beobachtet, denunziert und als erste Mitglieder der Widerstandsgruppe verhaftet. Vier Tage später wurden sie zusammen mit Christoph Probst vom Volksgerichtshof zum Tode verurteilt. Die drei Studenten starben am 22. Februar 1943 unter dem Fallbeil. In einem weiteren Prozess am 19. April 1943 wurden Kurt Huber, Alexander Schmorell und Willi Graf ebenfalls zum Tode verurteilt. Die Hinrichtung von Professor Huber und Alexander Schmorell erfolgte am 13. Juli 1943, die von Willi Graf am 12. Oktober 1943.

***

Der 13. Januar 1943 – der Tag, an dem Gauleiter Giesler seine Rede hielt, die zu massiven Protesten seitens der männlichen Studenten führte – war ein Hoffnungsschimmer für uns, dass endlich etwas passieren würde. Allen Studenten war befohlen worden, an der Veranstaltung im Kongresssaal des Deutschen Museums teilzunehmen – Grund genug für mich, mich zu widersetzen und nicht hinzugehen.

Hans, der sehr gut stenografieren konnte, besuchte die Veranstaltung und schrieb die gesamte Rede mit allen Zwischenrufen mit. Freudestrahlend kam er anschließend zu mir und sagte: „Der Protest der Studenten über die unverschämte Rede Gieslers war großartig – endlich lehnen sie sich gegen die Nazis auf!" Wir dachten, dass damit Bewegung in die Studentenschaft gekommen sei, dass die Studenten einen Aufstand machen würden. Aber nichts dergleichen geschah.

Die Niederlage von Stalingrad, die selbst das Regime nicht mehr verheimlichen oder schönreden konnte, hatte uns beide zutiefst erschüttert. Wir waren entsetzt über die vielen sinnlosen Opfer, die der Krieg, Hitlers Krieg, forderte. In unseren Gesprächen waren wir uns einig, dass die Nazis „weg mussten", damit endlich der fürchterliche Krieg aufhören konnte. Wir hofften so sehr darauf, dass mehr Deutsche, dass alle Deutsche, die Dinge so sehen und entsprechend handeln würden.

Ich erinnere mich noch ganz genau, wie Hans eines Morgens mit dem 6. Flugblatt der Weißen Rose in der Hand – er hatte es mit der Post zugeschickt bekommen – an meinen Laborplatz geeilt kam. Gemeinsam lasen wir das Flugblatt. Wir waren beglückt und gleichzeitig auch erstaunt darüber, was hier gewagt, was hier ausgesprochen wurde. Der Inhalt des Flugblattes entsprach genau dem, was wir selber dachten, aber nie offen gesagt, geschweige denn geschrieben hätten. Hier aber hatte einer den Mut aufgebracht und sich öffentlich gegen das Unrechts- und Willkürregime der Nazis aufgelehnt.
Wir waren tief beeindruckt!

Von der Weißen Rose hatten wir bis zu diesem Zeitpunkt nichts gehört. Wir kannten Hans und Sophie Scholl, Alexander Schmorell, Christoph Probst, Willi Graf und ihre Freunde nicht. Wir wussten nichts davon, dass sie bereits mehrere Flugblätter geschrieben und mit der Post versandt hatten. Auch den Verfasser des 6. Flugblattes, Professor Kurt Huber, kannten wir nicht. Wir hatten auch nicht mitbekommen, dass Hans Scholl und Alexander Schmorell nachts, im Schutze der Dunkelheit und dennoch der Gefahr patrouillierender Polizisten ausgesetzt, an die Wände der staatlichen Gebäude in der Ludwigstraße Parolen wie „Nieder mit Hitler" oder „Freiheit" gemalt hatten.

Von all dem wussten wir nichts. Aber jetzt hielten wir das Flugblatt in der Hand und unsere Hoffnung wuchs, dass es doch noch Menschen gab, die genau so dachten wie wir und die auch handelten.

Ein paar Tage, nachdem wir das Flugblatt erhalten hatten, erfuhren wir mündlich von der Verhaftung eines Geschwisterpaares, beide Studenten, an der Münchner Universität. Sie waren beim Herabfallen oder Herabwerfen von Flugblättern in den Lichthof der Universität von einem Angestellten erwischt und von der Gestapo abgeführt worden.

Wir dachten sofort, dass diese Studenten die Verfasser des Flugblattes sein mussten. Dass der Autor des 6. Flugblattes Professor Huber war, erfuhren wir erst später. Gerüchte von Gestapoverhören, von der Verhaftung eines dritten Studenten, der in Innsbruck Medizin studierte, drangen zu uns. Ich glaube, das ganze Chemische Institut wusste von den Vorgängen, auch wenn sie nur hinter vorgehaltener Hand heimlich und leise verbreitet wurden.

Am Donnerstag, den 18. Februar 1943 waren die beiden Studenten verhaftet worden. Bereits am folgenden Montag, den 22. Februar fand der Prozess gegen Hans Scholl, Sophie Scholl und Christoph Probst vor dem Ersten Senat des Volksgerichtshofes statt. Den Vorsitz hatte der Präsident des Volksgerichtshofes Roland Freisler, der extra aus Berlin angereist war. Das Urteil lautete: Todesstrafe!

Die drei Studenten wurden noch am selben Tag in Stadelheim hingerichtet. Wir erfuhren davon durch eine Zeitungsnotiz.

Unsere Hoffnungen fanden ein jähes Ende. Der Silberstreif am Horizont war erloschen, kaum dass er für uns aufgeleuchtet war.

Wir besaßen das Flugblatt, aber die, die es geschrieben hatten, waren deshalb von den Nazis hingerichtet worden. Wer sollte jetzt den Menschen die Augen öffnen? Wer sollte jetzt die Wahrheit sagen über das verbrecherische Regime? Die, die es gewagt hatten, waren nicht mehr am Leben.

Aber wir hatten das Flugblatt. Was sollten wir tun?

Wir wussten es. Ganz spontan entschlossen wir uns: Wir müssen weitermachen!
An die Gefahr dachten wir nicht.

Hans hatte eine Reiseschreibmaschine. Da mein Zimmer größer war und es bei mir keine neugierige Wirtin gab, gingen wir mit der Schreibmaschine zu mir, um das Flugblatt abzutippen. Wir überlegten uns eine Überschrift, die unsere Solidarität und innere Verbundenheit mit den eigentlichen Verfassern des Flugblattes zum Ausdruck bringen sollte. „Den Körper könnt ihr töten, aber den Geist nicht“, kam uns in den Sinn, aber das war zu lang.
Schließlich kamen wir auf die Formulierung:
„... und ihr Geist lebt trotzdem weiter!“
Das war die richtige Überschrift!

Wir schrieben das Flugblatt mit vielen Durchschlägen ab und versahen es mit unserer Überschrift. Wir waren davon überzeugt, richtig zu handeln. Endlich hatten wir, wenn auch unter furchtbaren Begleitumständen, eine Möglichkeit gefunden, etwas Sinnvolles zu tun. Wir fühlten uns wie befreit.

Der bekannte Physiko-Chemiker Claus Clusius, der nach dem Krieg kurze Zeit Dekan des Chemischen Instituts war, hielt in diesem Wintersemester 1942/43 eine viel besuchte Vorlesung über die Chemie im 19. Jahrhundert. Sie enthielt, geschickt versteckt, Seitenhiebe auf die Nazis. Hans hatte den Auftrag erhalten, die Vorlesung gegen ein angemessenes Honorar mitzustenografieren.

Nachdem wir das Flugblatt der Weißen Rose abgetippt hatten, verjubelten wir das Honorar mit Genuss während eines Kurzurlaubs in Salzburg. Wir wohnten im ersten Hotel, labten uns an Sekt und Salzburger Nockerln, hörten Konzerte im Mozarteum und fuhren mit dem Pferdewagen in das frühlingshafte Land.

Und vergaßen für ein paar Tage den Krieg und die Nazis.

III

In den Osterferien fuhren Hans und ich zu seiner Mutter und Schwester nach Hamburg. Die Situation der beiden hatte sich nach dem Tod von Hans' Vater sehr verschlechtert. Zum ersten Mal erfuhr und erlebte ich deutlich, was es für den einzelnen Menschen bedeutete, den Demütigungen und Ausgrenzungen durch die nationalsozialistische Rassenpolitik ausgeliefert zu sein. Immer mehr Einschränkungen, immer mehr Schikanen und über allem die quälende Unsicherheit, was die Zukunft bringen wird.

Trotz ihres großen Kummers und ihrer vielen Sorgen empfing mich Frau Leipelt, „Tante Käte" genannt, mit Wärme und Herzlichkeit. Ich fühlte mich gleich sehr wohl. Hans hatte eine starke Bindung an seine Mutter. Mit seiner Schwester Maria, die dreieinhalb Jahre jünger war, hatte ich ebenfalls sofort einen guten Kontakt. Sie war sehr lebhaft, mit dicken roten Zöpfen; sie liebte Tiere und war genauso hellwach wie ihr Bruder.

Über das nationalsozialistische Regime und seine Willkür wurde im Hause Leipelt offen hergezogen, oft gefährlich laut, was mir immer wieder Angst machte. In späteren Briefen, die mir Frau Leipelt schrieb, klang oft die Sorge über den Leichtsinn ihrer Kinder durch. Ich konnte ihr in dieser Hinsicht aber nicht helfen. Ich kannte Hans mittlerweile gut genug, um zu wissen, dass jede Mahnung, sich mit seinen regimefeindlichen Äußerungen doch mehr zurückzuhalten, auf taube Ohren stieß. Zu groß war seine Verletztheit, zu groß war seine ohnmächtige Wut, um seine Aggressivität zügeln zu können. Auch ich war deshalb in ständiger Sorge.

Für Frau Leipelt konnte ich nur wenig tun. Nach den schweren alliierten Luftangriffen im Sommer 1943 auf Hamburg gelang es mir zwar, einige bewegliche Güter des Hauses – Teppiche, Bilder, Silber und Porzellan – bei einer Schulfreundin in Sachsen unterzubringen. Die Sachen wurden aber, nach der Verhaftung von Frau Leipelt und Maria im November 1943, von der Gestapo beschlagnahmt und mitgenommen. Den Familienschmuck, den ich auf meinen Namen im Safe der Deutschen Bank in München deponiert hatte, konnte ich nach 1945 an Maria zurückgeben. Doch zurück zu den Osterferien.

Wir hatten brisantes Material im Koffer: etliche Abschriften des 6. Flugblattes der Weißen Rose, mit unserer Überschrift versehen, die vollständige Rede des Gauleiters Giesler mit allen Zwischenrufen, ebenfalls in mehreren Exemplaren, und den Text „Frieden“ von Lion Feuchtwanger.

Wir trafen uns mit Hans' Freund Heinz Kucharski, der in Hamburg Indologie studierte, und seiner Freundin Greta Rothe, die mir in ihrer ruhigen, zurückhaltenden Art gleich sehr sympathisch war. Mit Heinz Kucharski tat ich mich dagegen sehr schwer. Er verstand brillant zu reden. Über Kurt Tucholsky zum Beispiel, dessen von den Nazis verbotene Bücher er uns nach München geschickt hatte. Oder über politische Theorien, vor allem über den Kommunismus und seine heilbringende Lehre. Ich war erstaunt, wie geduldig Hans ihm zuhörte und wohl auch alles glaubte, was er sagte. Ich glaubte ihm vielleicht nur die Hälfte. Heinz war mir zu radikal und zu wirklichkeitsfremd in seinen Gedanken.

Mit Begeisterung aber lasen er und Greta Rothe das mitgebrachte Flugblatt der Weißen Rose und erklärten sich sofort bereit, es ebenfalls abzuschreiben und in ihrem Freundeskreis zu verteilen. Bei unseren Treffen überlegten wir uns auch, was wir – neben dem Verteilen des Flugblattes – noch gegen das Regime unternehmen könnten. Eine Idee war, das Hamburger Trinkwasser zu verseuchen. Uns Chemikern waren die entsprechenden Chemikalien ja zugänglich. Diese Idee wurde jedoch schnell verworfen. Denn ein solcher Sabotageakt würde in erster Linie die

Hamburger Bürger mit ihren Kindern treffen, während sich die Obrigkeit schnell zu schützen wüsste. Eine andere Idee war die Sprengung der wichtigen Lombardbrücke, über die viele Truppentransporte rollten. Sprengstoff konnten wir im Labor herstellen, das war kein Problem. Weitaus schwieriger war der eigentliche Sabotageakt. Um ihn durchführen zu können, bedurfte es einer Vielzahl von Helfern, was sehr gefährlich war. Die Idee erschien zu fantastisch, unsere Möglichkeiten waren viel zu begrenzt, also ließen wir den Plan wieder fallen – heute sage ich: Gott sei Dank!

Ein anderer Freund von Hans, den ich kennen lernte, war Karl-Heinz Schneider, der in Hamburg Germanistik studierte. Karlchen Schneider, wie er überall genannt wurde, wirkte auf mich sensibel und schöngeistig. Er schrieb Gedichte und verabscheute Gewaltmaßnahmen wie Sabotage. Aber auch er las mit Begeisterung das letzte Flugblatt der Weißen Rose. Er schrieb es ab, und so gelangte der Text von Professor Huber auch zu den Studenten der Hamburger Universität.

Von Hamburg aus fuhr ich ins heimatliche Sandlack in Ostpreußen. Meine Familie hatte sich zu dieser Zeit schon sehr verkleinert. Mein Vater war als Reserveoffizier mit einem Regiment im Westen stationiert und mein vier Jahre jüngerer Bruder kämpfte in Russland an vorderster Front. Meine Mutter war also ohne Unterstützung. Die landwirtschaftliche Gutsverwaltung besorgte ein älterer Verwalter.

Wohlweislich hatte ich meinen Eltern nichts von meinem Aufenthalt in Hamburg, bei einer jüdischen Familie, gesagt, weil sie bestimmt nicht damit einverstanden gewesen wären. Erst im Nachhinein erzählte ich meiner Mutter von meiner Freundschaft mit Hans und meinem Aufenthalt in Hamburg. Sie hörte mir ruhig zu, ohne etwas zu erwidern. Was sie dachte, weiß ich nicht.

Und dann zeigte ich ihr das 6. Flugblatt der Weißen Rose, das ich im Koffer mitgebracht hatte. Und ich berichtete ihr voller

Begeisterung von meinen Gesprächen mit Hans und seinen Freunden, von unserer Aufbruchstimmung. Meine Mutter erwiderte nur: „Das ist aber sehr gefährlich", nahm das Flugblatt und verbrannte es ungelesen im Ofen. Daraufhin sagte ich nichts mehr.

Ich verstand die Angst, die meine Mutter hatte. Zugleich spürte ich, dass ich mich in den erstarrten Konventionen und dem konservativ-nationalistischen Weltbild meiner Eltern nicht mehr heimisch fühlte.

IV

Nach den Osterferien fuhr ich mit dem beklemmenden Gefühl nach München zurück, mein bislang behütetes Leben verloren zu haben. Hans hingegen war in großer Sorge um das Wohlergehen seiner Mutter und seiner Schwester. Gleichwohl erzählte er mir unmittelbar nach meiner Rückkehr von der finanziellen Notlage von Frau Huber. Professor Kurt Huber, Verfasser des 6. und letzten Flugblattes, war nach seiner Verhaftung und vielen Verhören am 19. April 1943 zusammen mit Alexander Schmorell und Willi Graf zum Tode verurteilt worden. Daraufhin entließ ihn die Universität und verweigerte seiner Frau die Pension. Mit ihren beiden kleinen Kindern stand sie nun völlig mittellos da. Wolfgang Erlenbach, der zusammen mit Hans im Laborsaal arbeitete, hatte ihm davon berichtet. Erlenbach selbst wusste es von seinem Untermieter Franz Treppesch, der in evangelischen Kreisen verkehrte. Wir waren empört über diese weitere Ungerechtigkeit und beschlossen ganz spontan, in unserem Bekanntenkreis Geld zu sammeln. Wir wussten, dass wir dabei vorsichtig vorgehen mussten und nur Menschen ansprechen konnten, die wirklich vertrauenswürdig waren. Es kam dann so viel Geld zusammen,

Abb. 4: Wohnhaus der Familie Jahn in Sandlack/Ostpreußen

Abb. 5: Letzter Aufenthalt von Marie-Luise Jahn zu Hause, Sommer 1943

dass wir – wieder über Franz Treppesch und die evangelische Kirche – Frau Huber monatlich 250 RM zukommen lassen konnten.

All unsere Vorsichtsmaßnahmen nutzten jedoch nichts. Die Geldsammlung wurde bei der Gestapo denunziert – von wem, wissen wir bis heute nicht.

Während dieser Zeit war München vielen Bombenangriffen ausgesetzt. Einmal saßen Hans und ich nach einem Streit zitternd im Luftschutzkeller am Münchner Hauptbahnhof. Nach der Entwarnung gingen wir, wieder versöhnt, durch die brennende Innenstadt nach Schwabing. Die Staatsbibliothek brannte lichterloh. Ich habe das Bild noch vor Augen: eine Faszination des Schreckens.

In der Ohmstraße angelangt, sah ich mit Entsetzen, dass in dem Mietshaus, in dem ich wohnte, mein Zimmer durch einen Bombenangriff völlig zerstört worden war. Gott sei Dank konnte ich bei Hans in der Fürstenstraße übernachten. Am nächsten Morgen besichtigten wir die Zerstörung. In mein Zimmer konnten wir nur noch über die Feuerleiter gelangen. Und dann die Erleichterung: Mein Koffergrammophon, meine Jazzplatten, meine Bücher und der selbst gebraute Eierlikör waren heil geblieben. Ich konnte keinen großen Verlust feststellen. Vor lauter Freude, so glimpflich davongekommen zu sein, widmeten Hans und ich uns zunächst dem selbst gebrauten Eierlikör und dann den Aufräumarbeiten. Die Bilder an den Wänden und die Lampen waren natürlich alle in Scherben, die Möbel waren zum Teil kaputt.

Durch den Bombenangriff war das Bibliothekszimmer einer streng linientreuen Familie, die über mir wohnte, die aber vor den Bomben aufs Land ausgewichen war, einfach in mein Zimmer heruntergefallen. Was für eine Versuchung. Wir trauten unseren Augen nicht. Diese „regimetreue“ Bibliothek enthielt überwiegend Bücher, die von den Nazis verboten waren. Für uns eine Fundgrube. Nur schwer trennten wir uns von den Kostbarkeiten. Aber

Abb. 6/7: Hans Leipelt und Marie-Luise Jahn im ausgebombten Studentenzimmer September 1943

eingedenk der Strafen, die auf Plünderungen standen, lohnte es sich wirklich nicht. Und so trugen wir, mit entsprechender Trauermiene, einen großen Wäschekorb voller wunderbarer Bücher zum Hausmeister.

In der nächsten Zeit war ich überwiegend mit meiner Unterbringung in den verschiedensten Schlafstätten beschäftigt. Außerdem hatte ich viele zeitraubende bürokratische Behördengänge zu erledigen. Ich war deshalb kaum im Chemischen Labor.

Hans sah ich nur selten. Seine Stimmung hatte sich zunehmend verschlechtert. Er wirkte auf mich fast unheimlich gereizt und aggressiv, sodass es auch mir zu viel wurde. Zumal ich selbst in keiner guten Verfassung war. Manchmal schien es mir so, als ob eine große Bedrohung über mir liegen würde.

Auf Umwegen, ich weiß nicht mehr von wem, erfuhr ich dann, dass Hans am 8. Oktober 1943 von der Gestapo verhaftet worden war. Ich bekam große Angst um uns beide. Täglich rechnete ich mit meiner Verhaftung, vor allem morgens zwischen fünf und sechs Uhr. Das war üblicherweise die Zeit, in der die Gestapo kam, um die Delinquenten abzuholen. Fieberhaft suchte ich alles Material, das Hans oder mich belasten konnte, zusammen. Ich verbrannte die Briefe von Hans und seiner Mutter sowie sämtliche „verräterischen" Schriften. Meine „regimefeindlichen" Bücher konnte ich bei entfernten Bekannten mit dem Hinweis, ich sei ausgebombt worden, unterbringen. Doch was nutzten alle Vorsichtsmaßnahmen. Ich wusste, dass Hans alle Unterlagen, die für ihn belastend sein konnten, immer in seiner Aktentasche mit sich trug. Allein dieses Material reichte schon für eine schwere Anklage. Der Gedanke daran war furchtbar.

Mit Jürgen Wittenstein, einem guten Bekannten von Hans und mir, verabredete ich dann für das folgende Wochenende ein Treffen. Ich sagte ihm, dass, falls ich nicht kommen würde, mich die Gestapo sehr wahrscheinlich verhaftet habe. Ich gab ihm noch die Adresse und Telefonnummer meiner Eltern in Ostpreußen. Zu dem Treffen kam es dann wirklich nicht mehr.

Am 18. Oktober 1943 kam die Gestapo ins Chemische Labor. Ich wurde ins Sekretariat gerufen und die Beamten, die dort in ihren typischen schwarzen Mänteln und Schlapphüten auf mich warteten, nahmen mich fest. Gemeinsam fuhren wir in mein Pensionszimmer. Dort durchsuchten sie meine Koffer, aus denen ich lebte, meine Schubladen und mein Bett. Sie sahen meine Bücher an, mit denen sie aber wenig anfangen konnten, und lasen alle meine Briefe. Es war empörend. Aber Renitenz war nicht angezeigt. Als die Gestapobeamten mich aufforderten, meine Zahnbürste einzupacken, zog ich mir vorsichtshalber etwas Wärmeres an und nahm auch meinen Fohlenpelzmantel mit.

Im Polizeigefängnis in der Ettstraße wurde ich zunächst in eine schummrige Zelle gestoßen. Dort war ich mit einer Bibelforscherin eingesperrt. Nachts gab es Wanzen. Und immer schrien die Wärterinnen „Beeilung, Beeilung" – nur ja keine Minute Pause, um eventuell mit anderen Gefangenen ein paar Worte zu wechseln oder Kassiber auszutauschen – das war Methode.

Bei den Verhören im Wittelsbacher Palais tat ich zunächst völlig ahnungslos. Ich wollte auf gar keinen Fall irgendetwas oder irgendjemanden preisgeben. Auf der anderen Seite wusste ich nicht, ob die Gestapo schon etwas herausbekommen und ob sie aus Hans Namen und Handlungen herausgepresst hatte. Eines Tages lag auf dem Tisch des verhörenden Beamten ein verschließbares Kästchen, mir wohl bekannt, mit einem rosa oder roten Seidenband umbunden: Meine Briefe an Hans, die ich ihm während der Sommerferien von zu Hause aus geschrieben hatte und die sehr regimekritisch waren. Wie oft hatte ich ihn darum gebeten, die Briefe zu verbrennen. Nun lagen sie als Zeugnis meiner Gesinnung vor mir auf dem Tisch des Gestapobeamten.
Ich begriff. Leugnen hatte keinen Zweck mehr.

Ende Dezember 1943 kamen Hans und ich durch Zufall oder Nachlässigkeit der Gefängnisbeamten, die uns immer zwischen der Ettstraße und dem Wittelsbacher Palais hin- und hertransportierten, in der grünen Minna nebeneinander zu sitzen. Hans sagte mit tonloser Stimme: „Meine Mutter ist tot, sie hat sich umgebracht" – so die damalige Version über den Tod von Frau Leipelt, die im November 1943 in Hamburg verhaftet und in das Zuchthaus Fuhlsbüttel eingeliefert worden war. Seine Hände waren eiskalt.

Ich konnte nichts sagen. Ich hielt nur seine Hand. Mir war bleischwer ums Herz.

Während unserer Untersuchungshaft in Stadelheim konnten Hans und ich mit Hilfe des evangelischen Gefängnispfarrers Dr. Alt immer wieder Nachrichten austauschen. Auf diesem Wege schickte mir Hans eines Tages einen Zettel mit einem Zitat von Oscar Wilde „The fisherman and his soul“ und der Frage, ob ich ihn – nach Kriegsende – heiraten würde. Selbstverständlich gab ich ihm eine positive Antwort, obwohl ich sicher war, dass zumindest Hans das Urteil des Volksgerichtshofes nicht überleben würde. Aber auch meine eigene Hinrichtung wurde mir mehr und mehr zur Gewisssheit.

Die Vorstellung, erhängt zu werden, war für mich unerträglich, da ich mir das bildlich ausmalte. Zwei Mal in der Woche hörte ich die Anstaltsglocke, die immer läutete, wenn Todeskandidaten hingerichtet wurden.

Ich konnte mit niemandem über meine Angst sprechen. Ich erstarrte immer mehr.

V

Wegen der Bombenangriffe auf München im Sommer 1944 verlegte der 2. Senat des Volksgerichtshofes den Prozess gegen Hans Leipelt, Marie-Luise Jahn und ihre Freunde nach Donauwörth. Am 13. Oktober 1944 – ein Jahr nach der Verhaftung – fand die Verhandlung statt.

Die Richter des 2. Senats waren:

Volksgerichtsrat Ernst Georg Diescher, Vorsitzender
Oberlandesgerichtsrat Dr. Max Großpietsch
Generalleutnant Canabis
SA-Brigadeführer Hans Zöberlein

SA-Brigadeführer Zapf
als Vertreter des Oberreichsanwalts Landgerichtsrat
Dr. Bernhard Bach

Marie-Luise Jahn hatte einen Anwalt ihrer Wahl nehmen dürfen; Hans Leipelt hingegen wurde ein Pflichtverteidiger zugewiesen.

Die Anklage lautete: „Vorbereitung zum Hochverrat in Tateinheit mit Wehrkraftzersetzung, Feindbegünstigung und Rundfunkverbrechen."

Im Einzelnen wurde Hans Leipelt vorgeworfen, dass er kommunistische Vorstellungen verbreitet und mit seinen Hamburger Freunden Sabotageakte geplant habe. Außerdem habe er das letzte Flugblatt der Weißen Rose an andere weiterverteilt und Geld für die Witwe von Professor Huber gesammelt. Marie-Luise Jahn wurde vorgeworfen, Hans Leipelts Aktivitäten gebilligt, gefördert und unterstützt zu haben.

Der Staatsanwalt forderte für Hans Leipelt und Marie-Luise Jahn die Todesstrafe.

***

Nach einem Jahr quälender und zermürbender Untersuchungshaft fand am 13. Oktober 1944 unser Prozess vor dem 2. Senat des Volksgerichtshofes in Donauwörth statt. Auf dem Bahntransport nach Donauwörth wurden Hans und ich so weit voneinander getrennt, dass ich nicht mit ihm sprechen konnte. Es war schrecklich.

Die Verhandlung fand im Amtsgericht statt: Rote Fahnen, rote Roben, ein nervöser, fahriger Richter. Der gesamte Prozess war eine einzige Farce. Ich erinnere mich nur noch daran, dass viel geschrien und zwischendurch auch die intimsten Dinge aufgetischt wurden.

Dann trat – zu meiner völligen Überraschung – Professor Heinrich Wieland als Entlastungszeuge auf. Der Rechtsanwalt unseres Studienkollegen Valentin Freise, der mit uns angeklagt war, hatte diese Idee gehabt. Und Professor Wieland hatte allen Gefahren für seinen Lehrstuhl und allen Reisestrapazen zum Trotz zugesagt. Dabei hatte seine Familie große Sorge um ihn, wie ich später von seiner Tochter erfuhr.

Als kleiner, gebeugter älterer Herr stand Professor Wieland vor dem Richterstuhl und grüßte nicht mit „Heil Hitler!" Ihm wurde kein Stuhl angeboten, was mich damals – trotz dem Ernst meiner eigenen Lage – sehr empörte.

Zur Sache selbst konnte Wieland natürlich nichts sagen, er betonte aber, dass wir fleißige und interessierte Studenten seien. Sein eindeutiges Bekenntnis zu uns bestärkte uns sehr. Wir spürten, er steht hinter uns, und das gab uns moralischen Auftrieb.

Zuvor hatte Professor Wieland, wie ich erst später erfuhr, in der Zeit – als Hans und ich unter Ausschluss der Öffentlichkeit verhandelt wurden – in dem Vorraum, wo sich die anderen Angeklagten aufhielten, jeden von ihnen mit Namen und Handschlag begrüßt und sich nach dem Befinden jedes Einzelnen erkundigt. Die Wachmänner müssen so verblüfft gewesen sein, dass sie zunächst gar nichts gesagt haben. Erst beim letzten Angeklagten sollen sie gemeint haben, dass das eigentlich verboten sei. Auch hier wirkte die Autorität von Wieland. Nach 1945 erfuhr ich dann, dass Professor Wieland am nächsten Tag vor seiner Hauptvorlesung im Chemischen Institut von seiner Anwesenheit beim Prozess berichtet hatte und dabei das Strafmaß von jedem Einzelnen von uns nannte, ganz sachlich, ohne eigenen Kommentar. Der Hörsaal soll betroffen geschwiegen haben.

Wie erwartet, lautete die Anklage der Staatsanwaltschaft „Antrag auf Todesstrafe" für Hans und mich. Obwohl ich darauf vorbereitet war, fiel ich in eine ungeheure Leere, als der Antrag

Abb. 8: Gerichtssaal in Donauwörth 1943

gestellt wurde. Ich konnte mit niemandem Verbindung aufnehmen. Zu Hans konnte ich nicht schauen, weil ein großer Wachmann zwischen uns saß.

Dann kamen die Plädoyers der Verteidiger. Hans hatte einen miserablen Pflichtverteidiger, der nichts zu seiner Entlastung sagte. Im Gegenteil. Und Hans schwieg. Ich hatte das Gefühl, er wollte nicht mehr.

Mein Anwalt Dr. Kartini – der mir von Jürgen Wittenstein empfohlen worden war – stellte mich hingegen als ein arisches Mädchen dar, das von einem Juden verführt worden sei. Eine höchst primitive Argumentation. Aber mein Anwalt wusste, was das Gericht hören wollte, und die Richter glaubten ihm. Und ich habe nicht widersprochen. Ich wollte doch leben!

Was ich damals nicht wusste: Hans hatte in einer Gerichtspause meinen Verteidiger sprechen können und ihn gebeten, er möge ihn belasten, um mich zu entlasten – er wusste wohl, dass es für ihn keine Rettung mehr gab.

Obwohl ich die ganze Zeit zu Hans gehalten hatte und wir uns immer einig waren in unserer ablehnenden Haltung gegenüber dem Willkürregime, habe ich meinem Anwalt nicht widersprochen. Zu stark war in diesem Augenblick die Hoffnung und das Gefühl, doch am Leben bleiben zu können.

Nach der Urteilsverkündung sah ich Hans zum unwiderruflich letzten Mal vor seinem Rücktransport nach Stadelheim, dem Ort der Hinrichtung.

Durch die Essensluke meiner Gefängniszelle hielten wir uns an eiskalten Händen – kein Wort war möglich. Ich weiß, dass ich dann auf meine Pritsche sank, aber nicht weinen konnte. Ich war völlig leer und ausgebrannt, was lange, lange so blieb.

Dann kam ein letzter Brief von Hans aus Stadelheim: sehr zärtlich, liebevoll und voller Reue über seine häufige Lieblosigkeit und Unbeherrschtheit.

Der Brief ist mir bis heute ein Vermächtnis.

***

Hans Leipelt wurde zum Tode verurteilt und am 29. Januar 1945 in Stadelheim hingerichtet. Marie-Luise Jahn erhielt 12 Jahre Zuchthaus und wurde am 29. April 1945 von amerikanischen Soldaten aus dem Zuchthaus Aichach befreit.

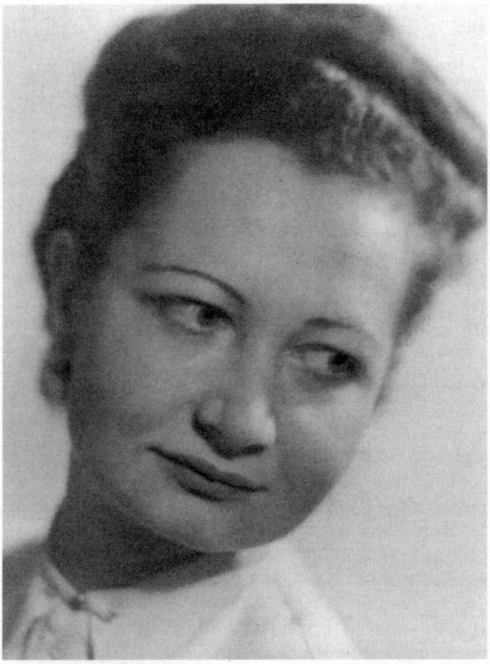

Abb. 9:
Als Studentin
in Tübingen 1946

Abb. 10:
Im Gespräch
mit Schülern 1995

Abb. 11: Leipeltstraße in Hamburg-Wilhelmsburg

Abb. 12: Evangelisches Hans Leipelt-Jugendhaus in Grafrath bei München, Mitte der 90er-Jahre

Anne-Barb Hertkorn

Freiheit und humanitas
Ein Essay

I

„Niemand aber haben wir dankbarer zu sein als jenen, die in einer unmenschlichen Zeit wie der unseren das Menschliche in uns bestärken, die uns mahnen, das Einzige und Unverlierbare, das wir besitzen, unser innerstes Ich, nicht preiszugeben. Denn nur jener, der selbst frei bleibt gegen alles und alle, mehrt und erhält die Freiheit auf Erden.“[1]

Bleischwer lagen die finsteren Zeiten[2] über München, als Hans Leipelt am 29. Januar 1945 in Stadelheim hingerichtet wurde. Der 2. Senat des Volksgerichtshofes hatte ihn am 13. Oktober 1944 wegen „Vorbereitung zum Hochverrat in Tateinheit mit Wehrkraftzersetzung, Feindbegünstigung und Rundfunkverbrechen“ zum Tode verurteilt.

Dabei hatte Hans Leipelt nichts anderes getan als – zusammen mit seiner Freundin Marie-Luise Jahn – das 6. und letzte Flugblatt der Weißen Rose nach der Hinrichtung von Hans und

1 Stefan Zweig, Montaigne, in: Der Große Europäer Stefan Zweig, hrsg. von Hanns Arens, München 1956, S. 368.

2 Der Ausdruck „finstere Zeiten“ entstammt Bertolt Brechts berühmtem Gedicht „An die Nachgeborenen“: „Ihr, die ihr auftauchen werdet aus der Flut / In der wir untergegangen sind / Gedenkt / Wenn ihr von unseren Schwächen sprecht / Auch der finsteren Zeit / Der ihr entronnen seid. / ... / Gedenkt unsrer / Mit Nachsicht.“

Sophie Scholl und Christoph Probst weiter zu verbreiten sowie Geld für die mittellose Witwe des ebenfalls hingerichteten Professors Kurt Huber zu sammeln. Seine „humanitas", sein selbstständiges Denken und sein mitmenschliches Handeln, galt den Richtern jedoch als ein todeswürdiges Verbrechen.

In finsteren Zeiten, in denen das unveräußerliche Recht des Menschen auf freie Selbstbestimmung der Besessenheit einer fanatischen Ideologie sowie ihrem systematisch ersonnenen und akribisch ausgeführten Terrorapparat geopfert wird, münden alle Probleme für den Menschen, der seine Menschlichkeit nicht an die Zeit verlieren will, in die Frage: Wie bleibe ich trotz aller Drohungen frei? Wie entziehe ich mich den tyrannischen Forderungen? Wie bewahre ich meinen Geist und meine Seele vor der Gefahr, dem despotischen Wahn nicht Stand halten zu können?

„‚Die Mücke gegen den Elefanten', zunächst wirkt sie befremdlich, diese eigenhändige Inschrift Sebastian Castellios in dem Basler Exemplar seiner Kampfschrift gegen Calvin, und es läge nahe, bloß eine der üblichen Humanistenübertreiblichkeiten darin zu vermuten. Aber Castellios Worte waren weder hyperbolisch noch ironisch gemeint. Mit einem so schroffen Vergleich wollte dieser Tapfere seinem Freunde Amerbach nur deutlich dartun, wie sehr und wie tragisch er selber im Klaren war, welchen riesigen Gegner er herausforderte, wenn er Calvin öffentlich anklagte, aus fanatischer Rechthaberei einen Menschen und damit die Gewissensfreiheit innerhalb der Reformation ermordet zu haben.

Von der ersten Stunde an, da Castellio die Feder wie eine Lanze hebt zu diesem gefährlichen Streit, weiß er genau um die Ohnmacht jedes rein geistigen Krieges gegen die Übermacht einer geharnischten und gepanzerten Diktatur und damit um die Aussichtslosigkeit seines Unterfangens."[3]

3 Stefan Zweig, Castellio gegen Calvin oder Ein Gewissen gegen die Gewalt, Frankfurt a. M. 1983, S. 9.

Das Anwachsen der nationalsozialistischen Ideologie zu einer menschenverachtenden, das Individuum bedrohenden Diktatur in den frühen dreißiger Jahren bewog Stefan Zweig dazu, bereits 1934 Salzburg zu verlassen und nach London überzusiedeln. Dort schrieb er 1936 den Essay „Castellio gegen Calvin oder Ein Gewissen gegen die Gewalt“ mit der Absicht, anhand eines geschichtlichen Ereignisses ein Spiegelbild für die zunehmenden Übel und Gefahren der hereinbrechenden nationalsozialistischen Zeit zu zeichnen.

Die historische Gestalt des Sebastian Castellio, dessen „j'accuse“ Calvin unterdrücken und letztlich – zusammen mit dem Humanisten – auf den Scheiterhaufen bringen wollte, wurde für den Schriftsteller zur Metapher eines beispiellosen Kampfes für die Freiheit des Geistes.

Am Abend des 10. Mai 1933 loderten in fast allen deutschen Universitätsstädten die Scheiterhaufen. In den Flammen verbrannten die Werke von Dichtern, die den Nationalsozialisten von Anfang an verhasst waren. Diesem unwürdigen Spektakel war eine umfassende „Säuberungsaktion“ der Bibliotheken von „undeutschen“, „marxistischen“ und „jüdischen“ Dichtern, Schriftstellern und Publizisten vorausgegangen.

Die Bücherverbrennungen erwiesen sich als die systematisch geplante Vernichtung des „undeutschen Geistes“. Sie dienten dem Ziel, die Zeugnisse des deutschen Kulturlebens, zu denen auch das Werk von Stefan Zweig gehörte, zu zerstören. Einige der Schriftsteller, die symbolisch mit ihrem Werk vernichtet werden sollten, befanden sich im Mai 1933 bereits im Konzentrationslager oder auf der Flucht ins Exil.

Doch kein Scheiterhaufen kann die Freiheit des Geistes vernichten. In den zwielichten Jahren des Noch-nicht-Krieges und Nicht-mehr-Friedens schrieb Stefan Zweig seinen Essay über Sebastian Castellio, mit dem er sinnfällig vor Augen führte, wie furchtbar das nationalsozialistische „Reich des Ungeistes" herrschen und welch unwiederbringlichen Werte es vernichten wird.

Stefan Zweigs biografischer Essay rühmt einen Humanisten, der im Namen der Freiheit des Geistes dem gewaltigen Calvin und seiner unbedingten Herrschaft in Genf die Fehde ansagte.

Auf Befehl von Calvin war der etwas unbedarfte und unbekümmerte spanische Arzt Miguel Servet, der mit einem kleinen Traktat der Calvinschen Lehre in einem Punkt widersprochen hatte, 1553 in Genf als Gotteslästerer auf dem Scheiterhaufen verbrannt worden. Castellio, zutiefst empört über die Ungerechtigkeit und Ungeheuerlichkeit dieser Tat, folgte der Stimme seines Gewissens und klagte Calvin öffentlich an.

In seinem „Manifest der Toleranz" erhob er das Wort und wagte es, „in einem jener furchtbaren Augenblicke der Seelenverfinsterung, wie sie von Zeit zu Zeit über die Völker fallen, sich den Blick klar und menschlich zu bewahren und alle diese frommen Schlächtereien, obwohl angeblich zu Gottes Ehren vollzogen, mit ihrem wahren Namen: Mord, Mord und abermals Mord zu nennen!

Der, im tiefsten Gefühl seiner Menschlichkeit herausgefordert, als einziger das Schweigen nicht mehr erträgt und bis in die Himmel seine Verzweiflung über die Menschlichkeit schreit, allein für alle kämpfend und gegen alle allein! Denn immer wird, wer gegen die Machthaber und Machtausteiler der Stunde das Wort erhebt, wenig Gefolgschaft erwarten dürfen bei der unsterblichen Feigheit unseres irdischen Geschlechts."[4]

Calvin schlug zurück. Mit allen Mitteln der Verleumdung, Intrige und Denunziation versuchte er, gegen Castellio einen Prozess wegen Ketzerei anzuzetteln. Dem Tyrannen blieb indes dieser sichtbare Triumph, den Humanisten im Kerker oder auf

4 Ebenda, S. 11 f.

dem Scheiterhaufen zu sehen, versagt. Ein plötzlicher Tod rettete Sebastian Castellio am 29. Dezember 1563 vor dem Prozess und damit vor „dem mörderischen Ansturm seiner Feinde“.

II

In dem Entwurf zu einem Essay über einen anderen großen Humanisten, Charles de Montaigne, notierte Stefan Zweig kurze Zeit vor seinem Freitod am 22. Februar 1942 in Petropolis in Brasilien:

„In solchen Zeiten münden die Probleme des Lebens für den Menschen nur in ein Problem: Wie bleibe ich frei? Wie löse ich mich ab von der Umstrickung? Wie befreie ich mich von der Furcht? Wie überwinde ich meine Enttäuschung? Wie bewahre ich mir in jener Zeit der Bestialität die Humanität?“[5]

Die Menschlichkeit, von der Stefan Zweig sprach, nannten die Griechen „philanthropia“, eine Liebe zu den Menschen, die sich darin zeigt, dass man bereit ist, die Welt mit ihnen zu teilen.

Im römischen Begriff „humanitas“ erfuhr die Philanthropie, die sich ursprünglich im Gespräch unter Freunden verwirklicht, eine weit reichende politische Wandlung. Das politische Denken der Römer wurzelte im Ideal der „res publica“. Einer der größten Verfechter der republikanischen Staatsform war Cicero, für den die „res publica“, d. h. die gemeinsame Sache aller freien Bürger, nur im Rahmen eines gemeinschaftlichen Dialogs möglich war.

Zu Beginn des ersten Buches seines Werkes „De inventione“ unternahm Cicero den Versuch, im Hinblick auf den Nutzen und Schaden der Beredsamkeit die philosophische Tradition des platonischen Dialogs „Gorgias“ mit der politischen Geschichte

5 Stefan Zweig, Entwurf zu „Montaigne“, zit. nach: Richard Friedenthal, Stefan Zweigs Montaigne, in: Der große Europäer Stefan Zweig, S. 349.

Roms zu verbinden. In dem Dialog verurteilte Platon die in Athen vorherrschende, von Gorgias gelehrte Rhetorik als eigentliche Ursache für den verblendeten Zeitgeist. Die Aufgabe der wahren Rhetorik besteht für den Philosophen vielmehr darin, Verfechterin der sittlichen Bestimmung des Menschen, Warnerin vor zu begehendem Unrecht sowie Richterin von begangenem Unrecht zu sein.

In Anlehnung an die platonischen Ausführungen erblickte Cicero in der Sprache den stärksten Beweis für die Hinwendung des Menschen zur Gemeinschaft. Sein „humanitas"-Begriff steht für das, was den Menschen zum Menschen macht: Seine Sprache und damit verbunden seine Kulturfähigkeit sowie ein ganz bestimmtes Verhältnis von Mensch zu Mensch, das nicht nur das Fundament der Freundschaft, sondern auch die Voraussetzung für das politische Zusammenleben freier Bürger ist.

Das Wort – die Sprache – ist eine wesentliche Form der menschlichen Selbsterfahrung. Da das Gespräch immer der gemeinsamen Welt gilt, setzt Sprache die Gemeinschaft voraus, so wie sie die Gemeinschaft andererseits auch bestimmt und prägt. Umgekehrt ist das defiziente Wort – wie es in der einhämmernden Parole sowie der diffamierenden Sprachpolemik zum Ausdruck kommt – der Ruin menschlicher Gemeinschaft.

Finstere Zeiten sind immer auch Zeiten, in denen das Wort als politische Waffe bzw. als Instrument des Terrors missbraucht wird. Die Sprache hat einen unmittelbaren Anteil am Weltverständnis des Menschen. Die damit verbundene Wechselwirkung zwischen ideologischer Rede und politischer Wirksamkeit führte im Dritten Reich zu einer Manipulation der Sprache mit dem Ziel, die nationalsozialistische Weltanschauung in Form einer fiktiven Welt Wirklichkeit werden zu lassen.

Um einen Gedanken von Hannah Arendt aufzugreifen: Entgegen den herkömmlichen politischen Überredungsstrategien zeichnete sich die nationalsozialistische Propaganda dadurch aus, dass sie sich nicht nur mit der Lüge begnügte, sondern es ganz bewusst darauf anlegte, ihre Lüge in die Wirklichkeit umzusetzen. Sie nutzte die vorurteilsvolle Neigung des Menschen, Wirklichkeit und Wahrheit zu vermischen, aus und machte damit „wahr", was bislang nur als Lüge bezeichnet werden konnte. In ihrer Untersuchung „Elemente und Ursprünge totaler Herrschaft"[6] hat Hannah Arendt darauf hingewiesen, dass die „Etablierung einer den Tatsachen entgegengesetzten, ganz und gar fiktiven Welt" konstitutiv für die Aufrechterhaltung der totalen Herrschaft sei. Diese (moderne) Form des Lügens ist über den Verdacht einer offensichtlichen Unwahrheit erhaben, weil sie sich nicht auf einzelne Handlungen bezieht, sondern die Realität durch eine Fiktion zu ersetzen versucht. In aller Öffentlichkeit wird etwas als real behauptet, von dem alle wissen können, dass es nicht den Tatsachen entspricht. Es wird, mit dem Begriff von Jacques Derrida, eine „Gegen-Wahrheit" in Umlauf gesetzt, aus der ein Gegen-Weltbild entsteht mit dem Zweck, die Öffentlichkeit irrezuführen und die Bürger der Möglichkeit zu berauben, selbstständig – gemäß ihrem Empfinden von Recht und Unrecht – zu urteilen.

„Hätten die Nazis sich damit begnügt, nur eine Anklageschrift gegen die Juden zu verfassen und ihre Auffassung zu propagieren, daß es minderwertige und höherwertige Völker gibt, dann hätten sie es kaum geschafft, den gesunden Menschenverstand davon zu überzeugen, daß die Juden Untermenschen seien. Lügen allein, das reichte nicht aus. Damit man ihnen glaubte, mußten die Nazis die Wirklichkeit selbst umlügen und die Juden wie Untermenschen aussehen lassen."[7]

6 Hannah Arendt, Elemente und Ursprünge totaler Herrschaft, München 1991.

7 Dies., Das Bild der Hölle, in: Nach Auschwitz. Essays und Kommentare 1, Berlin 1989, S. 52.

Hannah Arendt qualifizierte diese Form des „organisierten öffentlichen Lügens“ als zerstörerisch, weil sie das Vertrauen in das politische System beschädigt und damit verbunden die Grundlagen des Gemeinwesens selbst angreift: nämlich die Urteils- und Handlungsfähigkeit seiner Bürger.

Der Verbalisierung von Ungeist, Brutalität und Terror folgte die politische Wirklichkeit auf dem Fuß: Die Sprache metzelte ebenso erbarmungslos die Menschen nieder, wie es später ihre Mörder taten.

Aber selbst dann, wenn die Zeiten am dunkelsten sind, besitzt die Sprache noch ihre eigentliche, wirkende Kraft; erweist sich das Wort als die Urtat des Menschen, in der er ganz bei sich selbst ist: Seiner selbst bewusst und den anderen verständlich durch den in seiner Sprache zum Ausdruck kommenden Akt einer freien Selbstbestimmung.

III

Am 23. Juli 1942 befahl Adolf Hitler der Heeresgruppe B die Eroberung von Stalingrad. In den ersten Septemberwochen drangen die 6. Armee und die 4. Panzer-Armee in die Vororte von Stalingrad ein. Am 18. November waren nach verlustreichen Häuserkämpfen rund 90 Prozent der Stadt erobert. Doch am 19. November begann von Nordwesten und Süden die zangenförmige Gegenoffensive der Roten Armee. Sie führte am 22. November 1942 zur Einkesselung der deutschen Soldaten. Hitler, der die Stadt zum Symbol des deutschen Siegeswillens hoch stilisierte, verbot kategorisch jeden Ausbruch. Entsatzversuche scheiterten. Als die Rote Armee am 16. Januar 1943 den wichtigsten Flughafen im Kessel eroberte, brach die ohnehin ungenügende Luftversorgung für die eingekesselten Soldaten zusammen. In den folgenden Wochen überrannten die Sowjets sämtliche Verteidigungslinien und spalteten die 6. Armee. Am 31. Januar 1943 kapitulierte der Süd- und am 2. Februar 1943 der Nordkessel.

150 000 deutsche Soldaten waren gefallen, 91 000 gingen in sowjetische Gefangenschaft.

In Augenblicken, in denen die Zeit am finstersten ist, gibt es immer wieder Menschen, die sich nicht mehr hinter den Vorwand flüchten können, dass die Stunde der Gewalt zu stark und es darum sinnlos sei, sich ihr mit Worten entgegenzustellen. Sie erheben das Wort und ihre Anklage legt Zeugnis davon ab, dass kein Terror den Geist endgültig besiegen kann, dass selbst die unmenschlichste Zeit noch Raum bietet für die Stimme der Menschlichkeit.

Für Professor Kurt Huber, der bereits 1942 Hans Scholl und seine Freunde der Weißen Rose kennen gelernt hatte, war Stalingrad eine einzige Tragödie. Am Morgen nach der Sondermeldung über das Ende der Kämpfe an der Wolga begann Huber seine Vorlesung in der Ludwig-Maximilians-Universität mit den Worten: „Wir gedenken heute der Opfer von Stalingrad; die Zeit der Phrasen ist vorbei.“[8]

Einige Tage später traf Professor Huber eine weit reichende Entscheidung: Er schrieb ein Flugblatt.

Mit dieser Niederschrift, in der sich seine Empörung und Wut über den Untergang der freien Selbstbestimmung durch das totalitäre System des Dritten Reiches entlud, entstand der Text jenes Flugblattes, das als sechstes und letztes Flugblatt aus dem Münchner Widerstandskreis der Weißen Rose hervorgegangen ist. Die sprachgewaltige Kampfansage an die Versklavung des freien Geistes im nationalsozialistischen Deutschland gipfelte in einer tiefen Zuversicht in die moralische Kraft der Jugend.

8 Anneliese Knoop-Graf/Inge Jens (Hrsg.), Willi Graf. Briefe und Aufzeichnungen, Frankfurt a. M. 1988, S. 320.

In seiner Verteidigungsrede vor dem Volksgerichtshof, der ihn am 19. April 1943 zum Tode verurteilte, begründete Kurt Huber seinen Entschluss, sich mit Hilfe eines Flugblattes „öffentlich Gehör zu verschaffen“:

„Als deutscher Staatsbürger, als deutscher Hochschullehrer und als politischer Mensch erachte ich es als Recht nicht nur, sondern als sittliche Pflicht, an der Gestaltung der deutschen Geschicke mitzuarbeiten, offenkundige Schäden aufzudecken und zu bekämpfen [...]

Was ich bezweckte, war die Weckung der studentischen Kreise nicht durch eine Organisation, sondern durch das schlichte Wort, nicht zu irgendeinem Akt der Gewalt, sondern zur sittlichen Einsicht in bestehende schwere Schäden des politischen Lebens. Rückkehr zu klaren sittlichen Grundsätzen, zum Rechtsstaat, zu gegenseitigem Vertrauen von Mensch zu Mensch, das ist nicht illegal, sondern umgekehrt die Wiederherstellung der Legalität. Ich habe mich im Sinne von Kants kategorischem Imperativ gefragt, was geschähe, wenn die subjektive Maxime meines Handelns ein allgemeines Gesetz würde.

Darauf kann es nur eine Antwort geben: Dann würden Ordnung, Sicherheit, Vertrauen in unser Staatswesen, in unser politisches Leben zurückkehren. Jeder sittlich Verantwortliche würde mit uns seine Stimme erheben gegen die drohende Herrschaft der bloßen Macht über das Recht, der bloßen Willkür über den Willen des sittlich Guten. Die Forderung der freien Selbstbestimmung auch des kleinsten Volksteiles ist in ganz Europa vergewaltigt, nicht minder die Forderung der Wahrung der rassischen und völkischen Eigenart.

Die grundlegende Forderung wahrer Volksgemeinschaft ist durch die systematische Untergrabung des Vertrauens von Mensch zu Mensch zunichte gemacht. Es gibt kein furchtbareres Urteil über eine Volksgemeinschaft als das Eingeständnis, das wir uns

alle machen müssen, daß keiner sich vor seinem Nachbarn, der Vater nicht mehr vor seinem Sohn sicher fühlt.
Das war es, was ich wollte, mußte.

Es gibt für alle äußere Legalität eine letzte Grenze, wo sie unwahrhaftig und unsittlich wird. Dann nämlich, wenn sie zum Deckmantel einer Feigheit wird, die sich nicht getraut, gegen offenkundige Rechtsverletzung aufzutreten. Ein Staat, der jede freie Meinungsäußerung unterbindet und jede, aber auch jede sittlich berechtigte Kritik, jeden Verbesserungsvorschlag als ‚Vorbereitung zum Hochverrat' unter die furchtbarsten Strafen stellt, bricht ein ungeschriebenes Recht, das im gesunden Volksempfinden noch immer lebendig war und lebendig bleiben muß [...]."[9]

Professor Kurt Huber bezahlte für seinen öffentlichen Aufruf zu einer freien Selbstbestimmung mit seinem Leben. Sein Flugblatt aber fand seinen Weg zu Menschen, für die es zu einem Akt der Befreiung wurde.

IV

Die Menschlichkeit wird in finsteren Zeiten nur in der Freundschaft aufrecht erhalten. Das Wesen der Freundschaft aber liegt im Gespräch, das immer der gemeinsamen Welt gilt.

Im Winter 1941 lernte der Student Hans Leipelt im Chemischen Institut von Geheimrat Professor Heinrich Wieland die Studentin Marie-Luise Jahn kennen. Ihre Freundschaft ermöglichte es ihm, den durch die Erfahrung der eigenen Ausgrenzung vollzogenen Rückzug in das eigene Selbst zu überwinden. Im gemeinsamen Gespräch wandelte sich seine ohnmächtige Wut allmählich zu dem Entschluss, der Willkür des nationalsozialisti-

9 Zit. nach Clara Huber, Kurt Huber zum Gedächtnis, Regensburg 1947, S. 25 f.

schen Regimes, der er als „Halbjude“ ausgeliefert war, die freie Selbstbestimmung entgegenzusetzen.

Doch erst im Handeln wird Freiheit erfahren. Im Februar 1943 erhielt Hans Leipelt mit der Post das 6. Flugblatt der Weißen Rose. Die gemeinsame Lektüre dieser erschütternden Anklage von Professor Huber über den Verlust und die Rettung der Menschlichkeit in jenen wahrhaft finsteren Zeiten machte für ihn den Weg frei für den Wandel von der privaten Betroffenheit zur politischen Tat.

Humanitas und Freundschaft – für die antike Philosophie zwei unabdingbare Voraussetzungen für das Zusammenleben freier Bürger in einem Staat, der der gemeinsamen Sache dient – erwiesen sich für Hans Leipelt und Marie-Luise Jahn als Kraftquelle und Schutzhülle zugleich für ihre Entscheidung, der Ohnmacht ihrer Gefühle ein aktives Handeln folgen zu lassen.

Widerstand zu leisten war für die beiden Studenten keine Verzweiflungstat, sondern ein Akt der Befreiung. Um aus eigenem Entschluss heraus das tun zu können, was individuelle und politische Freiheit wesentlich ausmacht: neu anfangen zu können.

V

Freiheit meint Selbstbestimmung.

Das Fatale totalitärer Fremdbestimmung liegt darin, dass sie nur noch winzige Lücken offen lässt, die einen Rest von Selbstbestimmung ermöglichen.

Frei ist der Mensch aber nur dann, wenn er dem Gesetz seiner Vernunft folgt, wenn er sich dazu entschließt, seine Unabhängigkeit – seine Autonomie – zu behaupten und ihr gemäß zu handeln.

Das Gesetz der freien Selbstbestimmung ist nach Immanuel Kant das Bewusstsein „eines inneren Gerichtshofes“ im Menschen, der „Gewissen“ heißt.[10] Wohl kann der Mensch sein Gewissen überhören oder betäuben, ja es kann sogar sein, dass es auf der ganzen Welt kein Beispiel dafür gibt, was sein soll. Und trotzdem soll der Mensch selbstbestimmt und damit frei handeln und kann es auch.

„Vergeblich darum, wenn Machthaber meinen, sie hätten den freien Geist schon besiegt, weil sie ihm die Lippen versiegeln.

Denn mit jedem Menschen wird ein neues Gewissen geboren und immer wird eines sich besinnen seiner geistigen Pflicht, den alten Kampf aufzunehmen um die unveräußerlichen Rechte der Menschheit und der Menschlichkeit, immer wieder wird ein Castellio aufstehen gegen jeden Calvin und die souveräne Selbständigkeit der Gesinnung verteidigen gegen alle Gewalten der Gewalt."[11]

Um am Ende noch einmal auf Sebastian Castellio zurück zu kommen. Gerade die Tatsache, dass Castellio von Anfang an um die Aussichtslosigkeit seines Kampfes wusste und ihn dennoch unternahm, zeigt seine ethische Standfestigkeit und seine menschliche Größe.

Die Bedeutung des Widerstandes bemisst sich nicht am Erfolg. In Wahrheit ist keine Anstrengung, die aus einer reinen Gesinnung unternommen wird, vergeblich. Kein ethischer Einsatz geht jemals völlig verloren.

Und so bleibt die Hoffnung, dass sich die Besiegten am Ende als die in ethischer Hinsicht Überlegenen erweisen, dass diejenigen die wahrhaft großen Menschen sind, die den Kampf gegen Unrecht und Willkür auch dann nicht scheuen, wenn sie der Gewalt unterliegen.

10 Immanuel Kant, Metaphysik der Sitten, Akademie Ausgabe, Berlin 1900–1955, VI, S. 438.

11 Zweig, Castellio gegen Calvin, S. 227.

Dokumente

Flugblatt

Kommilitoninnen! Kommilitonen!

Erschüttert steht unser Volk vor dem Untergang der Männer von Stalingrad. Dreihundertdreissigtausend deutsche Männer hat die geniale Strategie des Weltkriegsgefreiten sinn- und verantwortungslos in Tod und Verderben gehetzt. Führer, wir danken dir!

Es gärt im deutschen Volk: Wollen wir weiter einem Dilettanten das Schicksal unserer Armeen anvertrauen? Wollen wir den niedrigen Machtinstinkten einer Parteiclique den Rest der deutschen Jugend opfern? Nimmermehr!

Der Tag der Abrechnung ist gekommen, der Abrechnung unserer deutschen Jugend mit der verabscheuungswürdigsten Tyrannis, die unser Volk je erduldet hat. Im Namen der ganzen deutschen Jugend fordern wir von dem Staat Adolf Hitlers die persönliche Freiheit, das kostbarste Gut des Deutschen zurück, um das er uns in der erbärmlichsten Weise betrogen hat.

In einem Staat rücksichtsloser Knebelung jeder freien Meinungsäusserung sind wir aufgewachsen. HJ, SA, SS haben uns in den fruchtbarsten Bildungsjahren unseres Lebens zu uniformieren, zu revolutionieren, zu narkotisieren versucht. „Weltanschauliche Schulung" hiess die verächtliche Methode, das aufkeimende Selbstdenken und Selbstwerten in einem Nebel leerer Phrasen zu ersticken. Eine Führerauslese, wie sie teuflischer und bornierter zugleich nicht gedacht werden kann, zieht ihre künftigen Parteibonzen auf Ordensburgen zu gottlosen, schamlosen und gewissenlosen Ausbeutern und Mordbuben heran, zur blinden, stupiden Führergefolgschaft. Wir „Arbeiter des Geistes" wären gerade recht, dieser neuen Herrenschicht den Knüppel zu machen. Frontkämpfer werden von Studentenführern und Gauleiteraspiranten wie Schuljungen gemassregelt, Gauleiter greifen mit geilen Spässen den Studentinnen an die Ehre. Deutsche Studentinnen haben an der Münchner Hochschule auf die Besudelung ihrer Ehre eine würdige Antwort gegeben, deutsche Studenten haben sich für ihre Kameradinnen eingesetzt und standgehalten. Das ist ein Anfang zur Erkämpfung unserer freien Selbstbestimmung, ohne die geistige Werte nicht geschaffen werden können. Unser Dank gilt den tapferen Kameradinnen und Kameraden, die mit leuchtendem Beispiel vorangegangen sind!

Es gibt für uns nur eine Parole: Kampf gegen die Partei! Heraus aus den Parteigliederungen, in denen man uns politisch weiter mundtot halten will! Heraus aus den Hörsälen der SS-Unter- oder -Oberführer und Parteikriecher! Es geht uns um wahre Wissenschaft und echte Geistesfreiheit! Kein Drohmittel kann uns schrecken, auch nicht die Schliessung unserer Hochschulen. Es gilt den Kampf jedes einzelnen von uns um unsere Zukunft, unsere Freiheit und Ehre in einem seiner sittlichen Verantwortung bewussten Staatswesen.

Freiheit und Ehre! Zehn lange Jahre haben Hitler und seine Genossen die beiden herrlichen deutschen Worte bis zum Ekel ausgequetscht, abgedroschen, verdreht, wie es nur Dilettanten vermögen, die die höchsten Werte einer Nation vor die Säue werfen. Was ihnen Freiheit und Ehre gilt, haben sie in zehn Jahren der Zerstörung aller materiellen und geistigen Freiheit, aller sittlichen Substanz im deutschen Volk genugsam gezeigt. Auch dem dümmsten Deutschen hat das furchtbare Blutbad die Augen geöffnet, das sie im Namen von Freiheit und Ehre der deutschen Nation in ganz Europa angerichtet haben und täglich neu anrichten. Der deutsche Name bleibt für immer geschändet, wenn nicht die deutsche Jugend endlich aufsteht, rächt und sühnt zugleich, seine Peiniger zerschmettert und ein neues, geistiges Europa aufrichtet.

Studentinnen! Studenten! Auf uns sieht das deutsche Volk! Von uns erwartet es, wie 1813 die Brechung des Napoleonischen, so 1943 die Brechung des nationalsozialistischen Terrors aus der Macht des Geistes.

Beresina und Stalingrad flammen im Osten auf, die Toten von Stalingrad beschwören uns!

„Frisch auf, mein Volk, die Flammenzeichen rauchen!“

Unser Volk steht im Aufbruch gegen die Verknechtung Europas durch den Nationalsozialismus, im neuen gläubigen Durchbruch von Freiheit und Ehre!

Sechstes Flugblatt der Weißen Rose, nach einem Entwurf von Kurt Huber mit Korrekturen von Hans Scholl und Alexander Schmorell, Februar 1943.
Quelle: Katalog der Gedenkstätte Deutscher Widerstand, Materialien 16.7, 16.8.

Anklageschrift

Der Oberreichsanwalt beim Volksgerichtshof
-11 J 118/44-

Berlin, den 22. Juli 1944.

Bd. I Bl. 1= I 1
Bd. II Bl. 1= II 1

Haft!

Anklageschrift

gegen

1.) den Studenten der Chemie Hans Konrad Leipelt aus München, geboren am 18. Juli 1921 in Wien, ledig, nicht bestraft, vorläufig festgenommen am 8. Oktober 1943 und auf Grund des Haftbefehls des Amtsgerichts in München vom 17. Februar 1944 – ER 2 Gs 129/44 – seit diesem Tag in der Untersuchungshaftanstalt in München-Stadelheim in Untersuchungshaft, genehmigter Wahlverteidiger: Rechtsanwalt Dr. Braun in München, Bayerstr. 9;

2.) die Studentin der Chemie Marie-Luise Hedwig Justine Jahn aus München, geboren am 28. Mai 1918 in Sandlack, Kreis Bartenstein, ledig, nicht bestraft, vorläufig festgenommen am 18. Oktober 1943 und auf Grund des Haftbefehls des Amtsgerichts in München vom 17. Februar 1944 – ER 2 Gs 133/44 – seit diesem Tag in der Untersuchungshaftanstalt in München-Stadelheim in Untersuchungshaft, genehmigter Wahlverteidiger: Rechtsanwalt Dr. Kartini, München 15, Sonnenstr. 9;

3.) den Studenten der Chemie Wolfgang E r l e n b a c h aus München, geboren am 26. Februar 1909 in Dessau, ledig, nicht bestraft, vorläufig festgenommen am 9. Oktober 1943 und auf Grund des Haftbefehls des Amtsgerichts in München vom 17. Februar 1944 – ER 2 Gs 130/44 – seit diesem Tag in der Untersuchungshaftanstalt in München-Stadelheim in Untersuchungshaft, genehmigter Wahlverteidiger: Rechtsanwalt Simon in München 2, Briennerstr. 8, sowie Rechtsanwälte Justizrat Dr. Dix und Dr. Lingenberg, beide in Berlin W. 9, Behrenstr. 20;

4.) den Angestellten Dr. phil. Franz T r e p p e s c h aus München, geboren am 14. Februar 1905 in Petschau, Verwaltungsbezirk Tepel (Sudetenland), verheiratet, angeblich nicht bestraft, vorläufig festgenommen am 13. Oktober 1943 und seit diesem Tag für die Staatspolizeileitstelle in München in Polizeihaft, bisher ohne Verteidiger,

5.) die Ehefrau Hedwig Amalie Elisabeth S c h u l z geb. Freiin von Perfall, geboren am 16. September 1917 in Detmold, verheiratet, angeblich nicht bestraft, vorläufig festgenommen am 9. Oktober 1943 und auf Grund des Haftbefehls des Amtsgerichts in München vom 17. Februar 1944 – ER 2 Gs 131/44 – seit diesem Tag in der Untersuchungshaftanstalt in München-Stadelheim in Untersuchungshaft, bisher ohne Verteidiger,

6.) den Studenten der Chemie Valentin F r e i s e aus München, geboren am 20. Juni 1918 in Wilhelmshaven, ledig, nicht bestraft, vorläufig festgenommen am 20. Oktober 1943 und auf Grund des Haftbefehls des Amtsgerichts in München vom 17. Februar 1944 – ER 2 Gs 132/44 – seit diesem Tag in der Untersuchungshaftanstalt in München-Stadelheim in Untersuchungshaft, bisher ohne Verteidiger,

7.) die Studentin der Chemie Liselotte D r e y f e l d t aus München, geboren am 24. Dezember 1921 in Berlin, ledig, angeblich nicht bestraft, vorläufig festgenommen am 11. Oktober 1943 und bis zum 13. November 1943 in Polizeihaft gewesen, bisher ohne Verteidiger,

8.) den Studenten der Chemie Ernst Holzer aus München, geboren am 15. Oktober 1920 in Ingolstadt, ledig, angeblich nicht bestraft, vorläufig festgenommen am 20. November 1943 und seit diesem Tag für die Staatspolizeileitstelle in München in Polizeihaft, bisher ohne Verteidiger,

9.) die Diplom-Chemikerin Mirjam Dorothea Martha David aus München, geboren am 25. November 1917 in München, ledig, angeblich nicht bestraft, vorläufig festgenommen am 10. November 1943 und seit diesem Tag für die Staatspolizeileitstelle in München in Polizeihaft, bisher ohne Verteidiger.

Ich klage an:

I. den Angeschuldigten Leipelt der Vorbereitung zum Hochverrat in Tateinheit mit Wehrkraftzersetzung, Feindbegünstigung und Rundfunkverbrechen.

Leipelt hat in den Jahren 1941 bis 1943 in München und Hamburg defaitistische sowie kommunistische Gedanken propagiert und mit seinen Hamburger Freunden die Verübung von Sabotage geplant. In München hat er zusammen mit den Angeschuldigten Jahn und Freise sowie den Eheleuten Schulz fortgesetzt ausländische Sender abgehört und deren Nachrichten unter den Studenten verbreitet, um deren Willen zur wehrhaften Selbstbehauptung zu lähmen und zu zersetzen. Ferner hat er das von dem ehemaligen Professor Huber verfaßte Flugblatt „Kommilitonen, Kommilitoninnen" sowie englische und sowjet-russische Feindflugblätter verbreitet und für die Angehörigen des wegen staatsfeindlicher Betätigung zum Tode verurteilten Huber zusammen mit dem Angeschuldigten Erlenbach eine Sammlung unter den Studenten organisiert.

II. Die Angeschuldigte Jahn der Vorbereitung zum Hochverrat in Tateinheit mit Feindbegünstigung und Rundfunkverbrechen.
Die Angeschuldigte Jahn, die seit Herbst 1942 mit Leipelt in ständiger Verbindung gestanden hat, hat dessen defaitistische und kommunistische Reden gebilligt und ihn dadurch in seiner hochverräterischen Tätigkeit bestärkt. Sie hat außerdem das Flugblatt „Kommilitonen, Kommilitoninnen" verbreitet und sowjetrussische Flugblätter an Leipelt weitergegeben. Ferner hat sie zusammen mit Leipelt ausländische Sender abgehört.

III. Die Angeschuldigten Erlenbach und Treppesch der Vorbereitung zum Hochverrat in Tateinheit mit Feindbegünstigung und Erlenbach auch des Rundfunkverbrechens.
Erlenbach und Treppesch haben im September 1943 in München zusammen mit Leipelt eine Sammlung für die Angehörigen des wegen Wehrkraftzersetzung und Feindbegünstigung zum Tode verurteilten ehemaligen Professors Huber organisiert. Erlenbach hat ferner seit Beginn des Krieges im September 1939 fortgesetzt ausländische Sender abgehört und deren Nachrichten weiterverbreitet.

IV. Die Angeschuldigten Schulz, Freise, Dreyfeldt, Holzer und David des Verbrechens der Nichtanzeige eines ihnen bekannt gewordenen hochverräterischen Unternehmens und Schulz und Freise auch des Rundfunkverbrechens.
Schulz, Freise, Dreyfeldt, Holzer und David haben im Jahre 1943 in München von der defaitistischen und kommunistischen Betätigung des Leipelt unter den Studenten glaubhafte Kenntnis erhalten und es unterlassen, einer Behörde zur rechten Zeit Anzeige zu machen.
Schulz und Freise haben auch zusammen mit Leipelt ausländische Sender abgehört.

Verbrechen gegen § 80 Abs. 2, § 83 Abs. 2 und 3 Nr. 1 und 3, §§ 91b, 139 Abs. 1 und 2, §§ 47, 73, 74 StGB., § 5 Abs. 1 Nr. 1 KSSVO., §§ 1, 2 der Rundfunkverordnung.

Wesentliches Ergebnis der Ermittlungen.

I.

Die persönlichen Verhältnisse der Angeschuldigten.

1.) Der Angeschuldigte Leipelt ist der Sohn des verstorbenen Diplomingenieurs und Betriebsleiters Konrad Leipelt, der Deutscher war, und dessen Ehefrau, der Volljüdin Katharina Sarah Beron. Er bestand Ostern 1938 nach dem Besuche mehrerer Schulen die Reifeprüfung. Auf Grund seiner freiwilligen Meldung trat er dann am 5. April 1938 in den Arbeitsdienst ein. Da er bei dem Bau des Westwalles eingesetzt worden war, erhielt er das Westwallabzeichen. Nachdem er am 25. Oktober 1938 aus dem Reichsarbeitsdienst entlassen worden war, wurde er am 11. November 1938 zum motorisierten Infantrie Regiment 69 nach Hamburg-Wandsbeck einberufen, mit dem er den Polen- und Frankreichfeldzug mitmachte. Anfang Juni 1940 erhielt er das Eiserne Kreuz II. Klasse und das Panzerkampfabzeichen in Bronze. Als Halbjude wurde er dann am 29. August 1940 aus der Wehrmacht entlassen. Darauf besuchte er drei Semester die Universität in Hamburg, um Chemie zu studieren. Vom Wintersemester 1941/42 ab studierte er dann in München weiter. Seine Studienkosten bestritt er aus dem ihm von seinem Vater hinterlassenen Vermögen. Er gehörte bisher keiner politischen oder konfessionellen Organisation an.

2.) Die Angeschuldigte Jahn ist die Tochter des Gutsbesitzers Paul Jahn und dessen Ehefrau Ilse geb. Prael. Nachdem sie bis zum 12. Jahre Privatunterricht erhalten hatte, besuchte sie bis 1934 das Lyceum in Bartenstein und bis 1937 das Oberlyceum Königin-Luise-Stiftung in Berlin. Nachdem sie dann von April bis Dezember 1939 im weiblichen Arbeitsdienst gewesen war, hielt sie sich wieder zu Hause auf. Im April 1940 ging sie nach München, um dort Chemie zu studieren.

Die Angeschuldigte Jahn gehörte von Herbst 1936 bis April 1937 dem BDM. in Berlin an. Im Jahre 1938 war sie etwa ein halbes Jahr Mitglied von „Glaube und Schönheit" in Königsberg. Aus gesundheitlichen Gründen ist sie nicht Mitglied des NS-Studentenbundes geworden.

3.) Der Angeschuldigte Erlenbach ist der Sohn des Chemikers Dr. phil. Arnold Israel Erlenbach, eines Volljuden, und dessen arischer Ehefrau Karoline, geb. Engerst, geboren. Nach bestandenem Abiturientenexamen studierte er elf Semester Rechtswissenschaft und bestand im Jahre 1933 das Referendarexamen. Darauf beschäftigte er sich bis 1939 mit arbeitsrechtlichen Studien. Im Herbst 1939 begann er dann in München mit dem Studium der Chemie. Im Dezember 1940 erfolgte seine Einberufung zur Wehrmacht. Nach einem Jahr wurde er jedoch als Halbjude entlassen, worauf er sein Studium fortsetzte. Er lebte im Haushalte seiner Mutter und wurde auch von dieser unterhalten. Einer politischen oder konfessionellen Organisation gehörte er bisher nicht an.

4.) Der Angeschuldigte Treppesch ist als Sohn des Telegrafenwerkmeisters Johann Treppesch und dessen Ehefrau Katharina geb. Gneisl geboren. Er besuchte zunächst sechs Jahre lang die Volksschule in seinem Geburtsorte Petschau und ging dann auf das Gymnasium in Pilsen. Nach acht Jahren bestand er die Reifeprüfung. Darauf studierte er in Prag Rechts- und Staatswissenschaft. Da er sich die Kosten für sein Studium als Werkstudent verdiente und dies gesundheitlich nicht aushielt, mußte er sein Studium nach vier Semestern aufgeben. Nach drei Jahren erhielt er dann von der Katholischen Hochschulseelsorge ein Darlehen. Er studierte darauf in München Staats- und Zeitungswissenschaften. Am 3. August 1943 promovierte er zum Dr. phil. Seit Januar 1943 ist er als Angestellter bei einer Münchner Industrie- und Lackfarbenfabrik tätig.

Der Angeschuldigte Treppesch gehörte seit seiner Schulzeit dem Deutschvölkischen Turnverein in Petschau an. Einundeinhalb Jahre war er Dietwart des Kreises. Am 7. April 1936 trat er in die Sudetendeutsche Partei ein. Er ist als „völlig untauglich zum Wehrdienst" ausgemustert.

5.) Die angeschuldigte Schulz ist als Tochter des Direktors Lothar M:Íia von Perfall und dessen Ehefrau Johanna geb. Vullers geboren. Sie besuchte vier Jahre lang eine Volksschule und dann sechs Jahre lang ein Lyceum. Im Jahre 1934 war sie dreizehn Wochen lang im freiwilligen Arbeitsdienst. Im Anschluß daran besuchte sie ein Jahr lang eine Haushaltungsschule und war darauf ein Jahr lang in einem Krankenhause tätig, um Krankenschwester zu werden. Sie gab diesen Entschluß aber wieder auf und besuchte darauf erneut eine Haushaltungsschule. Seit dem 1. Juli 1938 ist sie als kaufmännische Angestellte bei der Knappschaftsberufsgenossenschaft in München tätig gewesen.

Am 10. Mai 1940 heiratete sie den Verlagsangestellten Johann Schulz. Nachdem dieser zum Wehrdienst eingezogen worden war, erhielt sie neben dem eigenen Einkommen als Angestellte einen monatlichen Familienunterhalt. Sie gehörte einer politischen oder konfessionellen Organisation bisher nicht an.

6.) Der Angeschuldigte Freise ist als Sohn des Privatdozenten Dr. med. Freise und der Jüdin Frieda geb. Kalmanowitsch geboren. Nach bestandenem Abiturientenexamen leistete er zunächst von Mai bis Oktober 1937 seinen Arbeitsdienst ab und studierte dann in München Chemie. Von Oktober 1939 bis August 1940 diente er bei einer Aufklärungsschwadron. Darauf setzte er sein Chemiestudium fort. Er gehörte keiner politischen Organisation an. Von 1928 bis 1933 war er Mitglied des Christlichen Vereins junger Männer in Chemnitz.

7.) Die Angeschuldigte Dreyfeldt ist die Tochter des Zimmermeisters Ernst Dreyfeldt und dessen Ehefrau Auguste Luise geb. Graduschevsky. Nach bestandenem Abiturientenexamen war sie vom 28. April bis zum 30. August 1940 im Reichsarbeitsdienst. Darauf studierte sie in Berlin, Marburg (Lahn) und München Chemie.

Die Angeschuldigte war von 1933 bis zu ihrem Eintritt in den Reichsarbeitsdienst im BDM. Nach Beginn ihres Studiums trat sie dem NS-Studentenbund bei.

8.) Der Angeschuldigte Holzer ist als Sohn des jüdischen Kaufmanns David Israel Holzer und dessen arischer Ehefrau Josefine geb. Schöbel geboren. Im Jahre 1939 bestand er die Reifeprüfung und war darauf vom 1. April bis zum 16. September 1939 im Reichsarbeitsdienst. Er studierte dann in München zunächst Medizin und nach drei Semestern Chemie. Am 10. August 1941 wurde er zur Luftwaffe eingezogen. Nachdem er am 12. November 1942 als Halbjude entlassen worden war, studierte er weiter. Im Juni 1943 bestand er das Diplomexamen für Chemiker. Er gehörte bisher keiner politischen oder konfessionellen Organisation an.

9.) Die Angeschuldige David ist die Tochter des im Jahre 1919 an den Folgen einer im Weltkriege erlittenen Verletzung verstorbenen jüdischen Stabsarztes Max David und dessen arischer Ehefrau Maria geborene Windstößer. Nachdem sie Ostern 1938 das Abiturientenexamen bestanden hatte, war sie von April bis September 1938 im Reichsarbeitsdienst. Darauf studierte sie in München Chemie. Im Jahre 1942 bestand sie das Diplomexamen.

Danach beschäftigte sie sich im Physikalisch-chemischen Institut mit einer wissenschaftlichen Arbeit. Sie wird von ihrer Mutter, die eine Kriegsrente bezieht, unterhalten. Seit November 1938 ist sie Mitglied der Deutschen Studentenschaft.

II.

Darstellung des Sachverhalts.

1.) Die Propaganda des Angeschuldigten Leipelt für den Bolschewismus und seine Wehrkraftzersetzung

a) in Hamburg

Der Angeschuldigte Leipelt lernte nach seiner Entlassung aus der Wehrmacht während seines Studiums in Hamburg im Sommersemester 1941 die Studenten Kucharski und Schneider kennen. Als er sich mit ihnen über politische Fragen unterhielt, stellte er fest, daß diese ebenso wie er den Nationalsozialismus ablehnten und pazifistisch sowie kommunistisch eingestellt waren. In der Folgezeit verschaffte ihm Kucharski dann verbotene marxistische sowie kommunistische Schriften und führte ihn bei der Buchhandlung Felix Jud & Co. in Hamburg ein, damit Leipelt selbst dort derartige Schriften erwerben konnte. Leipelt forderte Kucharski und Schneider auf, ihn zu besuchen. Er veranstaltete dann in seiner Wohnung kleine Feste. Hierbei führte er „Rundfunksendungen" nach einem von ihm zusammen mit seiner Schwester Maria und Schneider verfaßten Manuskript, das eine ausgesprochen staatsfeindliche Tendenz hatte, auf. Leipelt vertrat ferner in seinen Gesprächen stets die Ansicht, daß Deutschland den Krieg begonnen habe und daß deshalb die SS sowie die aktiven Soldaten die zerstörten Städte in Sowjetrußland aufbauen müßten. Er vertraute darauf, daß die Feindmächte die Änderung der bestehenden Verhältnisse in Deutschland in seinem Sinne durchführen könnten, und nahm selbst den „rabiatesten ausländischen Chauvinismus“ zur Erweiterung der Vernichtung des Nationalsozialismus in Kauf. Er kam mit seinen Freunden überein, daß sie dabei mithelfen müßten. In der Folgezeit hörten sie auch wiederholt gemeinsam die ausländischen Hetznachrichten ab.

b) in München

Der Angeschuldigte Leipelt studierte dann vom Wintersemester 1941/42 ab in München. Bei den Studenten und Studentinnen, mit denen er bekannt wurde, machte er Propaganda für seine pazifistischen und bolschewistischen Ansichten. Er äußerte sich dabei in einer derart „extremen Weise“, daß diese ihn bereits, wie er selbst hervorgehoben hat, als „Kommissar“ ansprachen. Auch lieh er ihnen seine verbotenen marxistischen und bolschewistischen Schriften. Ferner las er ihnen Auszüge aus den Machwerken jüdischer Schriftsteller vor. Da er den Nationalsozialismus ablehnte, setzte er in seinen Gesprächen den Führer und andere große Deutsche herab. Auch verbreitete er über den Führer sowie andere führende Persönlichkeiten des Dritten Reiches zersetzende Witze.

Aus seiner staatsfeindlichen Einstellung und Begeisterung für den Bolschewismus sagte der Angeschuldigte Leipelt dann eines Tages, wie er selbst angegeben hat, zu der Angeschuldigten Jahn und den Eheleuten Schulz, mit denen er sich besonders angefreundet hatte, daß Deutschland den gegenwärtigen Krieg verlieren und dann der Bolschewismus nach Deutschland kommen werde. Er erklärte weiter, daß er selbst dafür sorgen werde, daß dann alles vernichtet werden würde, was an das nationalsozialistische

Regime irgendwie erinnern könnte, und daß er selbst bei der Beseitigung führender Nationalsozialisten mitwirken würde. Ferner sprach er davon, daß kurze Zeit nach der bolschewistischen Revolution paradiesische Zustände herrschen würden. Auch vertrat er den Standpunkt, daß die deutsche Jugend im Ausland im marxistischen und bolschewistischen Geist erzogen werden müsse. In der Folgezeit zeigte er sich jedesmal hoch erfreut, wenn die Feindmächte in den von ihm abgehörten ausländischen Sendern Erfolgsmeldungen bekannt gaben.

Als der Angeschuldigte Leipelt im Februar 1943 auf dem Schreibtische seines Freundes Schulz die von den Engländern über München abgeworfene Dünndruckbroschüre „Die andere Seite" liegen sah, nahm er sie an sich und machte auf seiner Schreibmaschine Abschriften des Aufsatzes „Nachruf auf einen Henker" von Thomas Mann sowie der Gedichte „Der Witwenschleier" von Bert Brecht und „Und auch die Fische warten ..." von Christian Corty. Obwohl Leipelt diese Veröffentlichung als Hetze gegen Deutschland erkannte, zeigte er die von ihm gefertigten Abschriften der Angeschuldigten Jahn und der Studentin Mallinckrodt sowie seinen Freunden Kucharski und Schneider in Hamburg.

Als Karl Schneider am 11. April 1943 nach München kam, lud der Angeschuldigte Leipelt andere Bekannte, darunter auch die Angeschuldigten Jahn, Freise und Dreyfeldt ein, um sie mit Schneider bekannt zu machen. Nachdem sie sich über politische Fragen unterhalten hatten, las Leipelt den von ihm verfaßten „Fragebogen im IV. Reich" vor, der nach den Angaben des Leipelt eine „Parodie" auf die in Deutschland üblichen politischen Fragebogen darstellen sollte. Schneider erzählte darauf, daß sein Freund Kucharski in Hamburg einen Vervielfältigungsapparat habe, mit dem sie Flugblätter hergestellt hätten.

Als der Angeschuldigte Leipelt dann kurze Zeit später die wissenschaftliche Hilfsarbeiterin Kreuzer bei der Angeschuldigten

Jahn traf, vertrat er auch ihr gegenüber seine bolschewistischen und wehrkraftzersetzenden Anschauungen. Darauf las er ihr seinen Bericht über die Studentenkundgebung am 13. Januar 1943, seinen „Fragebogen“ sowie die Revueszene „Friede“ des Juden Feuchtwanger vor.

2.) Das Abhören ausländischer Sender durch die Angeschuldigten Leipelt, Jahn, Freise, Ehefrau Schulz und Erlenbach.

Der Angeschuldigte Leipelt lernte im Januar 1943 den Schriftsteller Hans Schulz kennen und freundete sich mit ihm und dessen Ehefrau, der Angeschuldigten Schulz, an. Er besuchte ihn wiederholt in dessen möbliertem Zimmer bei dem Privatgelehrten Dr. Steffl. Einige Male kam er auch in Begleitung seiner Freundin, der Angeschuldigten Jahn. Da Leipelt, wie er selbst angegeben hat, davon überzeugt war, daß die über den deutschen Rundfunk verbreiteten Nachrichten nicht immer völlig der Wahrheit entsprächen und unter Umständen tendenziös abgefaßt seien, hörte er zusammen mit Schulz mit dessen Apparat wiederholt – etwa 10–15 mal – Auslandssender ab, obwohl ihm bekannt war, daß dies verboten ist. Zwei- bis dreimal war die Jahn beim Abhören der Feindsender zugegen.

Als Schulz, der im April 1943 als Soldat nach Frankreich gekommen war, im August 1943 in Urlaub in München war, veranstaltete er am 16. August 1943 einen Abschiedsabend. Außer der Angeschuldigten Schulz und Leipelt nahmen auch die Angeschuldigten Freise und Dreyfeldt daran teil. Nachdem sie nach Musik von ausländischen Sendern getanzt hatten, hörten sie darauf gemeinsam die durchgegebenen Feindesnachrichten ab.

Der Angeschuldigte Leipelt bewohnte dann in der Zeit vom 19. September bis zum 6. Oktober 1943 das möblierte Zimmer seines Freundes Schulz. Während dieser Zeit benutzte er regelmäßig dessen Rundfunkapparat zum Abhören von Feindsendungen. Er hörte in der Regel einen englischen Sender ab, stellte den Apparat aber auch auf einen russischen Sender ein. Als Leipelt dann einmal in Gegenwart der Angeschuldigten Schulz auch auf einer kurzen Welle einen Auslandssender suchte, meldete sich ein Sender mit „Stimme Amerika". Leipelt forderte darauf die Ehefrau Schulz auf, die durchgegebenen Nachrichten mitzustenografieren. Die Ehefrau Schulz kam seinem Verlangen auch ohne weiters nach. Das Stenogramm ist später in der Wohnung des Leipelt gefunden worden.

Als die Angeschuldigte Jahn den Angeschuldigten Leipelt eines Tages in der Wohnung des Schulz besuchte, fragte dieser sie, ob sie noch einmal Feindnachrichten hören wolle. Die Jahn erklärte sich damit einverstanden, obwohl ihr bekannt war, daß das Abhören von Auslandssendern schwer bestraft wird. Leipelt stellte darauf einen Auslandssender ein, der dann auch Nachrichten in deutscher Sprache durchgab.

Der Angeschuldigte Leipelt behielt die abgehörten Feindnachrichten nicht für sich, sondern verwertete sie bei seinen wehrkraftzersetzenden Unterhaltungen mit Studenten und Studentinnen. Insbesondere besprach er die feindlichen Nachrichten über den Verlauf der Fronten mit dem Angeschuldigten Erlenbach, der selbst bereits seit Beginn des Krieges im September 1939 Schweizer, englische und sowjetrussische Sender abhörte.

3) Die Verbreitung des Flugblattes „Kommilitonen, Kommilitoninnen".

Die von dem 1. Senat des Volksgerichtshofs am 22. Februar 1943 wegen Feindbegünstigung und Wehrkraftzersetzung zum Tode verurteilten Münchener Studenten Hans und Sophia Scholl sowie

Probst hatten im Januar und Februar 1943 in München und mehreren anderen Städten Flugblätter verteilt, in denen zur Sabotage der Rüstung und zum Sturze der nationalsozialistischen Regierung aufgefordert wurde. Mitbeteiligt war auch der Student Schmorell. Der ehemalige Professor Huber bestärkte die Studenten in ihrer volks- und staatsfeindlichen Tätigkeit. Er entwarf das von ihnen verbreitete Flugblatt mit der Überschrift „Kommilitonen, Kommilitoninnen". Dieses Flugblatt führt in Bezug auf den Kampf der 6. Armee in Stalingrad aus, es gäre im deutschen Volke, ob es noch weiter einem Dilettanten das Schicksal seiner Armeen anvertrauen solle. Von den Studenten und Studentinnen, auf die das deutsche Volk sehe, werde die Brechung des nationalsozialistischen Terrors aus der Macht des Geistes erwartet. Huber ist zusammen mit Schmorell am 19. April 1943 von dem 1. Senat des Volksgerichtshofs wegen Feindbegünstigung und Wehrkraftzersetzung zum Tode verurteilt worden.

Eines Tages im Januar oder Februar 1943 erhielt der Angeschuldigte Leipelt eine Abschrift des von Huber verfaßten Flugblatts „Kommilitonen, Kommilitoninnen". Er gab das Flugblatt alsbald danach der Angeschuldigten David, die es ihm am nächsten Tag in Gegenwart der Angeschuldigten Jahn zurückgab. Darauf schrieb er das Flugblatt auf einer Schreibmaschine unter Einspannung von mehreren Durchschlägen ab. Die Durchschläge gab er sofort weiter an seinen Freund Schulz und an seine Freundin Jahn sowie an die Studenten Riko Graepel, Walter Rapp und Hubert Rager. Ferner zeigte er das Flugblatt der Ehefrau Schulz und der Studentin von Mallinckrodt. Als er eines Tages im Februar oder März 1943 die wissenschaftliche Hilfsarbeiterin Kreuzer bei der Jahn traf, las er ihr das Flugblatt ebenfalls vor.

Der Angeschuldigte Leipelt fuhr am 4. oder 5. April 1943 zusammen mit der Angeschuldigten Jahn nach Hamburg zum Besuche seiner Mutter und Schwester. Er unterhielt sich mit ihnen über die im Februar 1943 vor dem Volksgerichtshof erfolgte Verhandlung gegen die Geschwister Scholl und Probst sowie die bereits erfolgte Vollstreckung der ergangenen Todesurteile. Drauf zeigte er ihnen das von diesen verbreitete Flugblatt „Kommilitonen, Kommilitoninnen".

Als der Angeschuldigte Leipelt dann mit seinen Freunden Kucharski, Schneider und Tietz sowie ihren gemeinsamen Freundinnen Zill und Rothe zusammenkam, berichtete er ihnen über die Kundgebung anläßlich der Münchener Universitätswoche im Deutschen Museum am 13. Januar 1943 unter Benutzung seiner darüber angefertigten Niederschrift, die in ihren Randbemerkungen seine staatsfeindliche Einstellung eindeutig erkennen ließ. Ferner teilte er ihnen die Verurteilung der Geschwister Scholl und des Probst sowie die darauf erfolgten Vorgänge in München mit. Er gab dabei zu erkennen, daß er mit dem Tun der Gruppe um Scholl sympathisiere und diese Studenten bewundere. Auch sprach er davon, daß er sich ebenfalls in politischer Hinsicht gegen den Staat betätigen wolle. Nachdem die mitanwesende Angeschuldigte Jahn seine Schilderung ergänzt hatte, las Leipelt ihnen das Flugblatt „Kommilitonen, Kommilitoninnen" vor.

Die Anwesenden debattierten dann über das Gehörte und entwarfen Pläne, wie sie die Vorgänge in München in Hamburg auswerten könnten. Sie erwogen eine Zusammenstellung der gesamten Ereignisse zu fertigen, zu vervielfältigen und der Allgemeinheit zugänglich zu machen. Da sie aber eine Entdeckung durch die Geheime Staatspolizei befürchteten, kamen sie schließlich überein, ihre Zusammenstellung lediglich an solche Personen weiterzugeben, von denen sie annehmen konnten, daß sie, wie sie selbst, eine Änderung der bestehenden Regierung erstrebten. Ferner wollten sie einen zusammenfassenden Bericht über die Vorkommnisse in München an den englischen Rundfunk weiterleiten.

Am 11. April 1943 besuchte der Angeschuldigte Leipelt dann zusammen mit der Angeschuldigten Jahn den Kucharski, bei dem sich dessen Freundin Rothe aufhielt. Sie unterhielten sich noch einmal an Hand des von Leipelt mitgebrachten Materials über die Vorgänge in München. Hierauf forderte Kucharski den Leipelt auf, mit ihm zusammen einen Bericht für das feindliche Ausland zu fertigen. Als ihn Leipelt fragte, wie er, Kucharski, den Bericht hinausschaffen wolle, erklärte Kucharski, es sei besser, wenn der eine vom andern möglichst wenig wisse. Die Jahn, die während der Unterhaltung zugehört hatte, billigte das Vorhaben des Leipelt und Kucharski. Leipelt übergab darauf dem Kucharski das von ihm gesammelte Material. Nach etwa einer Woche erhielt er es von Kucharski mit der Erklärung zurück, daß sich die Weitergabe dadurch erübrigt habe, daß er erfahren habe, daß man im Auslande darüber bereits unterrichtet sei.

Der Angeschuldigte Leipelt hörte während seines Besuches in Hamburg bei Kucharski wie bereits im Jahre 1942 mit diesem auch Auslandssender ab. Einmal hörten sie einen zusammenfassenden Bericht über die Angelegenheit Scholl, worauf sie beschlossen, nur noch nicht besondere in dem Bericht miterwähnte Einzelheiten dem Auslande mitzuteilen. Da aber Kucharski dann später feststellte, daß auch diese bereits bekannt waren, sahen sie schließlich von dem beabsichtigten Bericht ab.

4.) Die Sabotagepläne des Angeschuldigten Leipelt.

Da der Angeschuldigte Leipelt bestrebt war, sich entsprechend seiner staatsfeindlichen Einstellung in irgendeiner Weise aktiv gegen den nationalsozialistischen Staat zu betätigen, dachte er über entsprechende Möglichkeiten nach. Bei seinem nächsten Aufenthalt in Hamburg im Mai oder Juni 1943 sprach er bei einer Zusammenkunft mit Kucharski und dessen Freundin Rothe im Botanischen Garten, zu der er seinen damaligen Nachhilfeschüler Himpkamp mitbrachte, auch mit diesen Gesinnungsfreunden über die Frage einer aktiven staatsfeindlichen Tätigkeit. Um der Öffentlichkeit zu zeigen, daß Ruhe und Ordnung entgegen der Behauptung der Regierung nicht beständen, schlug er die Verübung von Sabotage- und Terrorakten vor. Zunächst erörterte er mit ihnen die Möglichkeit, Starrkrampfbazillen in die Hamburger Wasserleitung zu bringen. Darauf kam er dann mit ihnen überein, die Lombard-Brücke in Hamburg zu sprengen, um den wichtigen Nord-Südverkehr der Eisenbahn durch Hamburg zu unterbrechen. Leipelt versprach den erforderlichen Sprengstoff in München zu beschaffen, und bestimmte Himpkamp, die Tat auszuführen. Nachdem sie sich dann noch über die Beschaffung von falschen Ausweispapieren und Revolvern unterhalten hatten, trennten sie sich.

Nach seiner Rückkehr nach München fragte der Angeschuldigte Leipelt den Angeschuldigten Erlenbach, mit dem er durch den fortgesetzten Austausch von Feindnachrichten in immer engere Beziehungen gekommen war, ob Erlenbach für ihn Nitroglyzerin herstellen könne. Obwohl Erlenbach wußte, daß Nitroglyzerin zur Herstellung von Sprengstoff dient, und er sich auch über die staatsfeindliche Einstellung des Leipelt im klaren war, bejahte er die Frage, fügte aber hinzu, daß er mit Rücksicht auf seine Laboratoriumsaufgaben keine Zeit dazu habe.

5.) Die Sammlung für die Familie des ehemaligen Professors Huber.

Der Angeschuldigte Treppesch wohnte seit April 1943 bei der Mutter des Angeschuldigten Erlenbach in Untermiete. Als die Ehefrau Erlenbach eines Tages im September 1943 beim gemeinsamen Mittagstisch die Studenten Hans und Sophia Scholl erwähnte, erzählte Treppesch, daß die vermögenslose Ehefrau des ebenfalls hingerichteten ehemaligen Professors Huber jetzt in ärmlichen Verhältnissen leben müsse, weil sie keine Pension erhalte. Er sprach dann weiter davon, daß Frau Huber aber von privater Seite unterstützt werde und ihr sogar oft von unbekannten Personen Geldspenden in ihren Briefkasten geworfen würden. Schließlich erklärte er, daß man für die Familie des Huber etwas tun müsse.

Der Angeschuldigte Erlenbach kam darauf auf den Gedanken, zu versuchen, unter den Studenten und Studentinnen Spenden für die Familie Huber zusammen zubringen, obwohl er Professor Huber und dessen Angehörige nicht persönlich kennen gelernt hatte. Einige Tage später teilte er dies dem Treppesch mit, der darauf erklärte, daß das „eine gute Idee" sei.

Der Angeschuldigte Erlenbach dachte bei der Organisierung der Sammlung für die Hinterbliebenen des Huber an den Angeschuldigten Leipelt. Er hatte ihn im Sommer 1943 in dem chemischen Staatslaboratorium in München kennen gelernt und sich mit ihm in der Folgezeit über Politik und Nachrichten ausländischer Sender unterhalten. Hierbei hatte Leipelt kein Hehl aus seiner bolschewistischen und staatsfeindlichen Einstellung gemacht. Auch hatte er einmal davon gesprochen, daß es notwendig sei, eine gegen den Nationalsozialismus arbeitende Organisation zu schaffen. Eines Tages im September 1943 sprach Erlenbach dann mit Leipelt über die Lage der Hinterbliebenen des Huber und die bereits von unbekannter Seite erfolgten Spenden. Darauf forderte er Leipelt auf, in seinem Bekanntenkreise für die Familie des Huber zu sammeln. Hierbei erklärte er noch, daß das Geld über klerikale Kreise an Frau Huber weitergeleitet werden würde.

Der Angeschuldigte Leipelt war sofort bereit, etwas für die Hinterbliebenen des Huber zu tun, weil er wußte, daß dieser gegen den Staat gearbeitet hatte und deshalb zum Tode verurteilt worden war. Er sprach dann davon, daß es zweckmäßig sei, „eine derartige Unterstützung zu organisieren und auf regelmäßige Spenden aufzubauen". Leipelt will aber dabei nicht an die „Rote Hilfe" gedacht haben, weil er davon noch niemals etwas gehört haben will. Er sprach dann kurze Zeit später mit den ihm bekannten Angeschuldigten Freise und Dreyfeldt sowie den Studentinnen von Mallinckrodt und Hofer über die von ihm bereits erfolgte Unterstützung der Angehörigen des ehemaligen Professors Huber. Darauf forderte er sie auf, ebenfalls etwas zu spenden und auch bei anderen Studenten zu sammeln. Freise und Dreyfeldt verhielten sich passiv, während von Mallinckrodt und Hofer zunächst zusagten, etwas [zu] spenden, dann aber doch nichts gaben.

Als der Angeschuldigte Leipelt sich in der Zeit vom 23. bis zum 29. September 1943 noch einmal in Hamburg aufhielt, erzählte er seinen Freunden Kucharski und Schneider sowie der Rothe, daß die Angehörigen des hingerichteten ehemaligen Professors Huber in wirtschaftlicher Not seien. Darauf forderte er sie auf, zur Unterstützung der Angehörigen des Huber auch etwas zu spenden und weitere Personen dafür zu gewinnen. Obwohl sie dies zusagten, gab ihm aber lediglich die Rothe beim nächsten Zusammentreffen 20 RM.

Nach seiner Rückkehr von Hamburg gab der Angeschuldigte Leipelt dann dem Angeschuldigten Erlenbach einen Zwanzigmarkschein, wobei er erklärte, daß dies eine Spende für die Familie Huber sei. Einige Tage später händigte er ihm dann weitere 52 RM aus, die er nach seiner Erklärung durch Nachhilfestunden verdient haben wollte. Erlenbach fügte darauf 28 RM von seinem eigenen Gelde hinzu und gab dann dem Treppesch 100 RM mit dem Ersuchen, den Betrag an die Ehefrau Huber auszuhändigen. Treppesch nahm das Geld und steckte es in seine Brieftasche. Nach seiner Angabe hat er die 100 RM noch nicht an Frau Huber abgeführt, weil er sich noch nicht im klaren darüber gewesen sein will, auf welche Weise er das Geld an diese gelangen lassen sollte.

Die Witwe Huber erhielt nach ihren Angaben bis zum 20. Oktober 1943 außer den Unterstützungsbeträgen ihrer Verwandten im Gesamtbetrage von 2950 RM von ihr unbekannter Seite in leeren Briefumschlägen ohne Begleitschreiben durch Einwerfen in ihren Hausbriefkasten folgende Beträge: am 25. April 1943 50 RM, am 3. Mai 1943 20 RM, im August 1943 90 RM und 190 RM sowie im September 1943 300 RM.

6.) Die strafbare Tätigkeit der Angeschuldigten Jahn.

Die Angeschuldigte Jahn lernte den Angeschuldigten Leipelt im Herbst 1942 in München kennen. Obwohl sie wußte, daß Leipelt Halbjude ist, und er sowohl ihr als auch den Studentinnen Dreyfeldt, von Mallinckrodt und Hofer gegenüber als pazifistischer und bolschewistischer Hetzer und Agitator auftrat, verkehrte sie weiter mit ihm. Auch hörte sie, wie bereits unter II 2 dargestellt worden ist, mit ihm zusammen ausländische Sender ab.

Als die Angeschuldigte Jahn einmal zusammen mit dem Angeschuldigten Leipelt über den Königsplatz in München ging, sagte dieser, daß der Platz viel schöner aussehen würde, wenn mitten drin eine Bombe niedergegangen sein würde. Auf einen Fahnenmast deutend fragte er sie, wie der Mast aussehen würde, wenn man an ihn ein hohes Parteimitglied hochziehen würde. Ein anderes Mal sprach Leipelt davon, daß man als Vorbereitung auf eine kommende Revolution schon jetzt eine „Braune Liste" aufstellen müsse, in der alle Personen aufzuführen wären, die dann unschädlich gemacht werden müßten.

Im Februar 1943 gab der Angeschuldigte Leipelt der Angeschuldigten Jahn einen von ihm selbst angefertigten Durchschlag des Flugblattes „Kommilitonen, Kommilitoninnen", das sie darauf den Studentinnen Kreuzer und von Mallinckrodt zeigte. Nachdem Leipelt in ihrem Zimmer auf seiner von ihm mitgebrachten Schreibmaschine den Bericht über die Kundgebung der Studenten in München am 13. Januar 1943 mit seinen gehässigen und zersetzenden Bemerkungen angefertigt hatte, überließ er ihr auch einen von den beiden Durchschlägen. Ferner händigte er ihr von ihm selbst gefertigte Abschriften von Erzeugnissen staatsfeindlicher Schriftsteller aus.

Ostern 1943 fuhr die Angeschuldigte Jahn zusammen mit dem Angeschuldigten Leipelt nach Hamburg und hielt sich vom 6. Bis 10. April 1943 bei dessen Angehörigen auf. Sie ergänzte die Schilderung des Leipelt, die dieser seinen Hamburger Freunden über die Vorgänge in München gab, und billigte deren Plan, einen gemeinsamen Bericht für das feindliche Ausland zu fertigen (vgl. II 3). Bei dem Besuche des Kucharski hörte sie einen sowjetrussischen Sender mit ab. Aus der daran geknüpften Unterhaltung gewann sie den Eindruck, daß Kucharski eine bolschewistische Revolution herbeisehnte.

Die Angeschuldigte Jahn fuhr von Hamburg zu ihren Eltern nach Sandlack im Kreise Bartenstein (Ostpr.). Sie erzählte der dort zu Besuch weilenden Ärztin Dr. Welsmann, daß sie in München die Bekanntschaft eines halbjüdischen Studenten gemacht habe, dessen freigeistige „kulturbolschewistische“ Einstellung sie verehre. Darauf gab sie ihr die von Leipelt erhaltene Abschrift des Flugblattes „Kommilitonen, Kommilitoninnen“ sowie den von diesem angefertigten Bericht über die Studentenkundgebung am 13. Januar 1943. Als ihr die Welsmann dann Vorwürfe machte, weil sie derartige staatsfeindliche Schmähschriften mit nach Ostpreussen genommen habe, erklärte die Jahn: „Ja, es ist überaus gefährlich“. Da sie sich aber nicht davon trennen wollte, gewann die Welsmann den Eindruck, daß sich die Jahn mit der in den Hetzschriften zum Ausdruck gekommenen Gesinnung identisch erklärte. Nachdem die Angeschuldigte Jahn dann auch ihrer Mutter das von Leipelt erhaltene Flugblatt „Kommilitonen, Kommilitoninnen“ gezeigt und ihr aus dessen Bericht über die Kundgebung der Studenten vorgelesen hatte, sagte diese zu ihr: „Ihr wißt ja nicht, wie es 1918 war, so etwas darf nicht wiederkommen. Ihr dürft so etwas nicht machen“. Die Jahn verbrannte darauf lediglich das Flugblatt, während sie den von ihrer Mutter als „übelste Tendenz“ bezeichneten Bericht mit nach München zurücknahm. Auch setzte sie den Verkehr mit Leipelt fort. Als sie ihm erzählte, daß sie das Flugblatt auf den Rat ihrer Mutter verbrannt habe, mißbilligte dies Leipelt. Darauf gab er ihr noch einmal eine Abschrift des Flugblattes. Leipelt teilte ihr dann mit, daß im englischen Rundfunk bereits ein Bericht über die Vorgänge in München, in dem die Geschwister Scholl verherrlicht worden seien, durchgegeben worden sei, worauf er und Kucharski von der Abfassung ihres Berichts abgesehen hätten.

Nachdem der Angeschuldigte Leipelt im Mai oder Juni 1943 noch einmal allein in Hamburg gewesen war, erzählte er der Angeschuldigten Jahn nach seiner Rückkehr nach München, daß er zusammen mit seinem Freunde Kucharski beabsichtige, eine große Brücke in Hamburg zu sprengen, um die Lebensmittelzufuhr nach Hamburg zu unterbinden und dadurch eine Panik auszulösen (vgl. II 4). Darauf unterhielt er sich mit ihr über die Möglichkeit, Sprengstoff von München nach Hamburg zu schaffen. Nach den schweren Terrorangriffen auf Hamburg Ende Juli 1943 sagte Leipelt, daß die Stadt noch nicht genügend zerstört worden sei, Deutschland würde erst dann bereit sein, Frieden zu schließen, wenn alle Städte restlos zerstört sein würden. Als Schneider aus Hamburg im September 1943 in München war, brachte Leipelt sie mit diesem zusammen (vgl. II 1b).

Die Angeschuldigte Jahn erhielt Anfang September 1943 von dem Studenten Rapp von der Ostfront drei oder vier sowjetrussische Flugblätter. Ein Flugblatt befaßte sich damit, daß sich die bei Stalingrad in Gefangenschaft geratenen deutschen Offiziere zu einem „Nationalkomitee für ein freies Deutschland" zusammengeschlossen hätten. Ein anderes Flugblatt forderte unter Beifügung eines Passierscheines zum Überlaufen auf. Obwohl die Flugblätter den handschriftlichen Vermerk „Feindpropaganda" trugen, gab die Jahn die Flugblätter dem Leipelt, der sie dann der Ehefrau Schulz zeigte.

7.) Die strafbare Tätigkeit der Angeschuldigten Ehefrau Schulz.

Die Angeschuldigte Ehefrau Schulz lernte den Angeschuldigten Leipelt durch ihren Ehemann im Februar 1943 kennen. Obwohl sie aus der Unterhaltung mit Leipelt alsbald die Überzeugung gewann, daß dieser als bolschewistisch gesinnter Halbjude Gegner des nationalsozialistischen Staates war, und Leipelt ferner in seinen Gesprächen stets durchblicken ließ, daß er sich freuen würde, wenn Deutschland den Krieg verlieren würde, setzte sie den Verkehr mit Leipelt fort.

Nachdem die Angeschuldigte Schulz im Jahre 1942 mit ihrem Ehemann bereits viermal von ausländischen Sendern durchgegebene Musikdarbietungen und einmal auch feindliche Nachrichten abgehört hatte, hörte sie dann bei einem für ihren zur Wehrmacht eingezogenen Ehemann veranstalteten Abschiedsabend im August 1943 mit diesem auch in Gegenwart der Angeschuldigten Leipelt, Freise und Dreyfeldt ausländische Nachrichten. In der Folgezeit hörte sie dann zusammen mit Leipelt, der seit dem 19. September 1943 das Zimmer ihres Ehemannes bewohnte, noch viermal feindliche Rundfunksender. Auf die Aufforderung des Leipelt stenografierte sie sogar zweimal die durchgegebenen Nachrichten mit und überschrieb sie mit „Stimme Amerikas".

Sie unterhielt sich auch mit Leipelt über die durchgegebenen Feindnachrichten (vgl. II 2). Leipelt gab ihr auch eines Tages den von ihm selbst verfaßten Bericht über die Kundgebung anläßlich der Münchener Universitätswoche im Deutschen Museum am 13. Januar 1943 mit den von ihm hinzugefügten Randglossen. Auch zeigte er ihr in Gegenwart der Jahn drei sowjetrussische Flugblätter (vgl. II 6).

8.) Die strafbare Tätigkeit der Angeschuldigten Freise und Dreyfeldt.

Der Angeschuldigte Freise und die Angeschuldigte Dreyfeldt lernten den Angeschuldigten Leipelt im Jahre 1942 im chemischen Universitätslaboratorium in München kennen. Seit Beginn des Sommersemesters 1943 kamen sie mit ihm wiederholt zusammen. Aus ihrer Unterhaltung mit Leipelt ersahen sie, daß dieser nicht nur ein Gegner des Nationalsozialismus, sondern des Deutschtums an sich war. Freise gewann sogar den Eindruck, daß Leipelt bolschewistisch eingestellt war, zumal da er sich stets freute, wenn die Sowjetrussen im Osten Städte zurückgewonnen hatten. Trotzdem verkehrten sowohl Freise als auch Dreyfeldt weiter mit Leipelt und besuchten ihn auch in seiner Wohnung. Hier las Leipelt ihnen anläßlich der Feier seines Geburtstages in Gegenwart der Studenten Kreuzer und Hertwig sowie der Studentinnen Jahn und von Mallinckrodt den von ihm verfaßten „Fragebogen im IV. Reich“ vor. Ferner trug er Gedichte des Juden Kästner vor.

Im August 1943 besuchte der Angeschuldigte Freise zusammen mit Leipelt die Angeschuldigte Dreyfeldt. Hier versuchte Leipelt, auf dem Volksempfänger der Dreyfeldt einen ausländischen Sender zu hören, was ihm aber nicht gelang. Die Dreyfeldt nahm Freise dann am 16. August 1943 zu dem in der Wohnung des Schulz, einem Freunde des Leipelt, veranstalteten Abschiedsabend mit. Leipelt schaltete nach ihrem Erscheinen den Rundfunkapparat des Schulz auf einen englischen Sender, um die englischen Nachrichten in deutscher Sprache zu hören. Freise hörte, wie er angegeben hat, die Auslandssendung aus Neugierde mit an. Leipelt teilte ihm und der Dreyfeldt dann in der Folgezeit wiederholt mit, was er durch das Abhören des feindlichen Rundfunks erfahren hatte. Freise unterhielt sich dann über die Mitteilungen des Leipelt mit der Dreyfeldt.

Im September 1943 kamen die Angeschuldigten Leipelt, Freise und Dreyfeldt beim Mittagessen zusammen. Eines Tages brachte Leipelt das Gespräch auf den ehemaligen Professor Huber. Er erzählte ihnen, daß für die Ehefrau des Huber gesammelt werde und er selbst seine durch Stundengeben verdienten Gelder zur Verfügung stelle. Darauf forderte er sie auf, ebenfalls etwas zu geben. Freise und Dreyfeldt verhielten sich jedoch vollkommen passiv (vg. II 5).

9.) Die strafbare Tätigkeit des Angeschuldigten Holzer.

Der Angeschuldige Holzer lernte den Angeschuldigten Leipelt im November 1942 in München kennen. Er kam mit ihm in der Folgezeit wiederholt im chemischen Laboratorium der Universität zusammen und erkannte alsbald, daß Leipelt ein Gegner des nationalsozialistischen Staates ist. Trotzdem ließ er sich von Leipelt ausländische Rundfunknachrichten politischer und militärischer Natur mitteilen. Eines Tages forderte Leipelt ihn auf, ihn zusammen mit dem Studenten Rager zu besuchen, damit er ihnen gegen den Nationalsozialismus und die deutsche Regierung gerichtete Schriften zeigen könne. Da Leipelt auch noch davon sprach, daß die „Nazis“ den Krieg verlieren würden, lehnten Holzer und Rager ab, ihn aufzusuchen.

Als der Angeschuldigte Holzer dann zusammen mit dem Angeschuldigten Leipelt zu Beginn des Wintersemesters 1942/43 Brandwache in der Universität hatte, las Leipelt ihm pazifistische Gedichte des Kästner vor. Im Januar oder Februar 1943 forderte Leipelt ihn auf, mit ihm in den ihm in der Universität zur Verfügung gestellten Arbeitsraum zu kommen. Leipelt begründete dies damit, daß er ihm etwa zeigen wollte. Holzer folgte dem Leipelt, worauf ihm dieser die Feindbroschüre „Die andere Seite" gab. Holzer las sie sofort in Gegenwart des Leipelt durch. Obwohl er erkannte, daß es sich um Feindpropaganda handelte, was ihm Leipelt auch noch auf Befragen bestätigte, unterhielt er sich mit Leipelt über den darin enthaltenen Aufsatz: „Das Jahrhundert des Volkes". Darauf ließ er sich von Leipelt noch die pazifistische Revueszene „Friede" von Feuchtwanger vorlesen.

10.) <u>Die strafbare Tätigkeit der Angeschuldigten David</u>

Die Angeschuldigte <u>David</u> lernte den Angeschuldigten Leipelt im Sommer 1942 in München kennen. Leipelt wies dabei darauf hin, daß er ebenfalls Halbjude sei. Wenn die David dann in der Folgezeit Leipelt im Laboratorium traf, unterhielt sie sich mit ihm über Politik. Leipelt brachte jedesmal seine Freude zum Ausdruck, wenn die Sowjetrussen irgendeine Stadt zurückgewonnen hatten, und sagte, es sei besser, wenn die Feindmächte siegen würden. Äußerte die David darauf ihre Angst vor dem Bolschewismus, dann erklärte Leipelt, daß der Bolschewismus nicht so schlimm sei. Eines Tages im Frühjahr 1943 gab ihr Leipelt das von dem ehemaligen Professor Huber und den Geschwistern Scholl verbreitete Flugblatt „Kommilitonen, Kommilitoninnen". Nachdem sie es zu Hause durchgelesen hatte, gab sie es ihm in Gegenwart der Angeschuldigten Jahn zurück. Ferner erhielt sie von Leipelt den von ihm verfaßten Bericht über die Studentenkundgebung im deutschen Museum am 13. Januar 1943 sowie die von englischen Fliegern über München abgeworfene Broschüre „Die andere Seite“, die sie ebenfalls, nachdem sie sie durchgelesen hatte, zurückgab.

III.

Die Einlassungen der Angeschuldigten.

Die Angeschuldigten haben im wesentlichen den unter II der Anklageschrift dargestellten Sachverhalt zugegeben. Soweit sie ihn in Abrede gestellt haben, werden sie durch die Einlassungen der Mitangeschuldigten überführt.

Die Angeschuldigte Jahn hat im einzelnen noch angegeben, sie habe vollständig unter dem politischen Einfluß des Angeschuldigten Leipelt gestanden. Obwohl sie aus den Reden des Leipelt erkannt habe, daß dieser bolschewistisch gesinnt gewesen sei, habe dieser ihr gegenüber doch niemals durchblicken lassen, daß er sich mit der Gründung einer staatsfeindlichen Organisation befasse. Sie habe nicht absichtlich ausländische Sender abgehört, sondern sei lediglich zufällig anwesend gewesen, wenn Leipelt den Rundfunkapparat auf ausländische Sender eingestellt habe. Auch habe sie die von dem Studenten Rapp erhaltenen sowjetrussischen Flugblätter nicht weiter verbreiten wollen. Sie habe sie dem Leipelt lediglich aus dem Grunde gegeben, um ihm zu zeigen, welchen „Quatsch“ sie aus Sowjetrußland bekommen habe.

Der Leiter der Staatspolizeileitstelle in München hat gegen die Angeschuldigten Leipelt, Jahn, Erlenbach, Schulz und Freise wegen des ihnen zur Last fallenden Rundfunkverbrechens gemäß § 5 der Verordnung über außerordentliche Rundfunkmaßnahmen vom 1. September 1939 Strafanträge gestellt.

B e w e i s m i t t e l.

I. Die Einlassungen der Angeschuldigten

1.) Leipelt [...]

2.) Jahn [...]

3.) Erlenbach [...]

4.) Treppesch [...]

5.) Ehefrau Schulz [...]

6.) Freise [...]

7.) Dreyfeldt [...]

8.) Holzer [...]

9.) David [...]

II. Der Zeuge

1.) Kriminalsekretär Mahler, München [...]

2.) Kriminalsekretär Gisth, München [...]

III. folgende Urkunden und sonstigen Beweisgegenstände:

1.) die Strafregisterauszüge über die Angeschuldigten in Hülle Bd. II Bl. 1 a,

2.) der Bericht über die Kundgebung der Studenten in München am 13. Januar 1943 in Hülle Bl. 4 des Anlagenbandes (vgl. Bl. 1/3 R),

3.) das Flugblatt „Kommilitonen, Kommilitoninnen": Bl. 7/R des Anlagenbandes,

4.) der „Fragebogen im IV. Reich" Bl. 8/R des Anlagenbandes,

5.) drei Abschriften aus dem Feindflugblatt „Die andere Seite" in Hülle Bl. 9 des Anlagenbandes (vgl. Bl. 10/12),

6.) die Aufzeichnungen des Feindsenders „Stimme Amerikas" in Hülle Bl. 13 des Anlagenbandes (vgl. Bl. 14/15),

7.) die Abschrift der Revueszene „Friede" von Feuchtwanger Bl. 18/25 des Anlagenbandes.

Ich beantrage,

gegen die Angeschuldigten Hans Leipelt, Marie-Luise Jahn, Wolfgang Erlenbach, Franz Treppesch, Hedwig Schulz, Valentin Freise, Liselotte Dreyfeldt, Ernst Holzer und Mirjam David die Hauptverhandlung vor dem Volksgerichtshof anzuordnen, die Fortdauer der Untersuchungshaft gegen die Angeschuldigten Leipelt, Jahn, Erlenbach, Schulz und Freise zu beschließen und den Angeschuldigten Leipelt, Treppesch, Schulz, Freise, Dreyfeldt, Holzer und David Verteidiger zu bestellen.

In Vertretung:
gez. Weyersberg.

Quelle: Ehemals Institut für Marxismus-Leninismus beim ZK der SED; zentrales Parteiarchiv N 75035/1; Kopie: Privatbesitz Dr. Marie-Luise Schultze-Jahn.

Urteil

2 H 160/44
11 J 118/44

Im Namen
des Deutschen Volkes

In der Strafsache gegen

1) Den Studenten der Chemie Hans Konrad Leipelt aus München, geboren am 18. Juli 1921 in Wien,
2) die Studentin der Chemie Marie-Luise Hedwig Justine Jahn aus München, geboren am 28. Mai 1918 in Sandlack, Kreis Bartenstein,
3) den Studenten der Chemie Wolfgang Erlenbach aus München, geboren am 26. Februar 1909 in Dessau,
4) den Angestellten Dr. phil. Franz Treppesch aus München, geboren am 14. Februar 1905 in Petschau, Verwaltungsbezirk Tepel (Sudetenland),
5) die Ehefrau Hedwig Amalie Elisabeth Schulz geb. Freiin von Perfall, geboren am 16. September 1917 in Detmold,
6) den Studenten der Chemie Valentin Freise aus München, geboren am 20. Januar 1918 in Wilhelmshaven,
7) die Studentin der Chemie Liselotte Dreyfeldt aus München, geboren am 24. Dezember 1921 in Berlin,

von 1–6 zur Zeit in dieser Sache in Haft, wegen Vorbereitung zum Hochverrat und Landesverrat hat der Volksgerichtshof, 2. Senat, auf Grund der Hauptverhandlung vom 13. Oktober 1944, an welcher teilgenommen haben

als Richter:
Volksgerichtsrat Diescher, Vorsitzer,
Oberlandesgerichtsrat Dr. Großpietsch,
Generalleutnant Cabanis,
SA-Brigadeführer Zöberlein,
SA-Brigadeführer Zapf,
als Vertreter des Oberreichsanwalts:
Landgerichtsrat Dr. Bach,

für Recht erkannt:

I.

Der Angeklagte Leipelt hat in den Jahren 1941 bis 1943 in München und Hamburg ständig ausländische Rundfunksendungen abgehört und unter den Studenten der Hochschule eine staatsfeindliche bolschewistische Propaganda entfaltet. Er wird deshalb wegen Wehrkraftzersetzung und Feindbegünstigung zum

T o d e

und dauerndem Ehrverlust verurteilt.

II.

Die Angeklagte Jahn hat als Vertraute Leipelts diesen in seinem hoch- und landesverräterischen Vorhaben bestärkt und unterstützt. Sie wird daher wegen Beihilfe zu den Verbrechen des Leipelt zu zwölf Jahren Zuchthaus unter Anrechnung von elf Monaten Untersuchungshaft und zu zehn Jahren Ehrverlust verurteilt.

III.

Die Angeklagten Erlenbach und Freise werden wegen Abhörens ausländischer Rundfunksender verurteilt und zwar:

Erlenbach zu zwei Jahren Gefängnis unter Anrechnung von einem Jahr Untersuchungshaft,
Freise zu einem Jahr Gefängnis unter Anrechnung von elf Monaten Untersuchungshaft.

IV.

Die Angeklagte Schulz hat ausländische Rundfunksendungen abgehört und verbreitet, sowie von den hoch- und landesverräterischen Vorhaben des Leipelt trotz glaubhafter Kenntnis keine Anzeige erstattet. Sie wird deshalb zu zwei Jahren Zuchthaus unter Anrechnung von einem Jahr Untersuchungshaft und zwei Jahren Ehrverlust verurteilt.

V.

Den Angeklagten Treppesch und Dreyfeldt ist eine strafbare Handlung nicht nachgewiesen. Sie werden daher freigesprochen.

VI.

Die beschlagnahmten Gegenstände werden eingezogen.

VII.

Die Kosten des Verfahrens werden, soweit Verurteilung erfolgt ist, den verurteilten Angeklagten, soweit Freispruch erfolgt ist, der Reichskasse auferlegt.

G r ü n d e .

I.

Die persönlichen Verhältnisse der Angeklagten.

1) Der Angeklagte Leipelt ist der Sohn eines Diplomingenieurs und Betriebsleiters. Seine Mutter war Volljüdin. Als er Ostern 1938 die Reifeprüfung bestanden hatte, trat er freiwillig in den Arbeitsdienst ein, wurde bei dem Bau des Westwalles eingesetzt und erhielt das Westwallabzeichen. Im November 1938 wurde er zur Wehrmacht einberufen und trat in das motorisierte Infanterieregiment 69 in Hamburg-Wandsbek ein. Mit diesem machte er den Feldzug in Polen und Frankreich mit und wurde mit dem EK. II. Klasse und dem Panzerkampfabzeichen ausgezeichnet. Als Halbjude wurde er dann im August 1940 aus der Wehrmacht entlassen. Darauf besuchte er drei Semester die Universität in Hamburg und vom Herbst 1941 ab die Universität in München, wo er Chemie studierte. Er gehörte keiner politischen oder konfessionellen Organisation an.

2) Die Angeklagte Jahn ist die Tochter eines Gutsbesitzers, der zur Zeit als Offizier bei der Wehrmacht steht. Sie besuchte ein Lyzeum, später ein Oberlyzeum, legte die Reifeprüfung ab, war von April bis Dezember 1939 im Arbeitsdienst und bezog im April 1940 die Universität München, um dort Chemie zu studieren. Von Herbst 1936 bis zum April 1937 gehörte sie dem BdM. und im Jahre 1938 etwa ein halbes Jahr lang der Organisation „Glaube und Schönheit“ in Königsberg an. Mitglied des NS-Studentenbundes konnte sie aus gesundheitlichen Gründen nicht werden.

3) Der Angeklagte Erlenbach ist der Sohn eines Chemikers. Sein Vater war Volljude, während die Mutter arischer Abkunft war.

Nach bestandenem Abiturientenexamen studierte er elf Semester Rechtswissenschaft und legte 1933 das Referendarexamen ab. Dann beschäftigte er sich mit arbeitsrechtlichen Studien und bezog im Herbst 1939 die Universität München, um nunmehr Chemie zu studieren. Im Dezember 1940 erfolgte seine Einberufung zur Wehrmacht. In ihr verblieb er etwa ein Jahr lang, wurde dann aber als Halbjude entlassen und setzte seine Studien in München fort. Einer politischen oder konfessionellen Organisation hat er niemals angehört.

4) Der Angeklagte Treppesch ist der Sohn eines Telegrafenwerkmeisters. Nach dem Besuch des Gymnasiums in Pilsen bestand er die Reifeprüfung und studierte zuerst in Prag Rechtswissenschaft. Dieses Studium mußte er unterbrechen, da er als Werkstudent in Not geriet und auch aus gesundheitlichen Gründen aussetzen mußte. Nach drei Jahren erhielt er von befreundeter Seite Mittel zur Fortführung des Studiums, das er im August 1943 mit der Ablegung des Doktorexamens beendete. Seit Anfang 1943 ist er als Angestellter eines Münchener Industrieunternehmens tätig.

Treppesch gehörte in seiner Schulzeit dem deutsch-völkischen Turnverein in Petschau (Sudetenland) an und war längere Zeit Dietwart des Kreises. Im April 1938 trat er in die Sudetendeutsche Partei ein. Er ist als völlig untauglich zum Wehrdienst ausgemustert.

5) Die Angeklagte Schulz ist die Tochter eines in der Industrie tätigen Direktors und früheren Offiziers. Sie verlor ihre Mutter im Alter von sechs Jahren. Nach dem Besuch eines Lyzeums [verbrachte] sie im Jahre 1934 13 Wochen im Freiwilligen Arbeitsdienst, besuchte dann eine Haushaltungsschule und ließ sich darauf ein Jahr lang in einem Krankenhaus ausbilden, um Krankenschwester zu werden. Diesen Entschluß gab sie später wieder auf und trat am 1. Juli 1938 als kaufmännische Angestellte bei der Knappschaftsberufsgenossenschaft in München ein. Im Mai 1940 heiratete sie

den Angestellten im Eher-Verlag Johann Schulz. Als dieser zum Wehrdienst eingezogen wurde, war sie weiter beruflich tätig. Sie gehörte keiner politischen oder konfessionellen Organisation an.

6) Der Angeklagte Freise ist ebenfalls Halbjude. Sein Vater war Privatdozent, seine Mutter Volljüdin. Nach bestandenem Abiturientenexamen leistete er vom Mai bis Oktober 1937 Arbeitsdienst ab und studierte dann in München Chemie. Vom Oktober 1939 bis August 1940 diente er bei einer Aufklärungsschwadron. Dann setzte er sein Studium fort und war 1943 auf Grund freiwilliger Meldung zum Arbeitseinsatz in einem industriellen Unternehmen tätig. Er gehörte längere Zeit dem VdA und vor der Machtübernahme dem Christlichen Verein junger Männer an.

7) Die Angeklagte Dreyfeldt ist die Tochter eines Zimmermeisters. Sie bestand Ostern 1940 das Abiturientenexamen und war dann bis zum August 1940 im Reichsarbeitsdienst. Dann studierte sie Chemie, zuletzt an der Universität München. Im Jahre 1933 gehörte sie dem BdM. an. Später trat sie dem NS-Studentenbund bei. Sie ist Mutter eines jetzt 5 Monate alten Kindes.

Alle Angeklagten sind unbestraft.

II.

Der Sachverhalt

1.) Der Angeklagte Leipelt kam während seines Studiums in Hamburg im Sommersemester 1941 mit dem Studenten Heinz Kucharski zusammen und freundete sich mit ihm an. Beide stellten in politischen Unterhaltungen ihre gemeinsame Gegnerschaft zum Nationalsozialismus fest und schlossen sich daraufhin enger zusammen. Durch Vermittlung des Kucharski kam Leipelt mit der Buchhandlung Felix Jud & Co. in Hamburg in Verbindung und erwarb durch sie zahlreiche pazifistische und kommunistische Schriften, die er in der Folgezeit mit Kucharski und anderen Gesinnungsgenossen besprach. Er lud auch Kucharski sowie den ihm befreundeten Studenten Karl Schneider, der ebenfalls kommunistisch eingestellt war, mehrfach zu sich ein, erörterte mit ihnen politische Themen im kommunistischen Sinne und führte auch einmal vor ihnen eine von ihm selbst verfaßte Rundfunksendung mit ausgesprochen staatsfeindlicher Tendenz auf. In den Unterhaltungen vertrat er regelmäßig die Auffassung, daß Deutschland schuld am Kriege sei und deshalb die zerstörten Städte in Rußland wieder aufbauen müsse, daß der Nationalsozialismus beseitigt werden müsse, daß er und seine Freunde dabei mitzuwirken verpflichtet seien. In dieser Zeit hörte er auch ferner mehrfach ausländische Rundfunksender ab, u. a. London und den Hetzsender Gustav Siegfried I.

Im Wintersemester 1941/42 bezog Leipelt die Universität [Mün]chen. Hier setzte er seine staatsfeindliche Propaganda in verstärktem Maße fort. Er verstand es, nicht nur mit zahlreichen Studenten und Studentinnen, mit denen er vor allem im chemischen Laboratorium zusammenarbeitete, Fühlung zu gewinnen, sondern knüpfte auch Beziehungen zu Außenstehenden an. Besonders schloß er mit der Angeklagten Jahn [,] seiner Studiengenossin, enge Freundschaft, entwickelte vor ihr seine kommunistischen Ideen und ging mit ihr ein Liebesverhältnis ein. Er verkehrte ferner im Hause der Eheleute Schulz und trat, als der Ehemann zur Wehrmacht eingezogen wurde, in nähere Beziehungen zu dessen Frau, der Angeklagten Hedwig Schulz. Auch mit den übrigen Angeklagten stand er in Verbindung.

Mit seinen Bekannten erörterte Leipelt ständig politische Fragen und trat dabei so stark für den Kommunismus ein, daß er von ihnen scherzhaft als „Kommissar“ bezeichnet wurde. Vor allem im Verkehr mit der Angeklagten Jahn und den Eheleuten

Schulz vertrat er die Meinung, daß Deutschland den Krieg verlieren [müßte], daß dann der Bolschewismus bei uns zur Herrschaft gelangen werde, und versprach alles, was an das nationalsozialistische Re[gime] erinnern könne, zu vernichten und an der Beseitigung führender Nationalsozialisten selbst mitzuwirken. Die bolschewistische Revolution, so äußerte er gelegentlich, würde in Deutschland paradiesische Zustände herbeiführen und selbstverständlich würde dann die deutsche Jugend nur noch im marxistischen und kommunistischen Sinne erzogen werden.

Als er im Februar 1943 bei seinem Freunde Schulz die von den Engländern über München abgeworfene Broschüre „Die andere Seite" liegen sah, nahm er sie an sich und machte auf seiner Schreibmaschine Abschriften der darin enthaltenen Aufsätze, insbesondere der Gedichte „Der Witwenschleier" von Bert Brecht und „Und auch die Fische warten" von Christian Corty sowie des Aufsatzes „Nachruf auf einen Henker" von Thomas Mann. In allen diesen Schriften wird teils offen, teils versteckt gegen Deutschland und unsere Staatsführung gehetzt. Die Abschriften zeigte er gelegentlich der Angeklagten Jahn, der Studentin von Mallinckrodt und später seinen Freunden Kucharski und Schneider.

Als Schneider im April 1943 nach München kam, lud Leipelt ihn sowie die Angeklagten Jahn und Dreyfeldt zu sich ein. Bei diesem Zusammensein, zu dem auch der angeklagte Freise erschien, wurden ebenfalls politische Fragen im kommunistischen Sinne erörtert. Ferner las Leipelt den von ihm verfaßten „Fragebogen im Vierten Reich" vor, der eine Parodie auf die in Deutschland üblichen politischen Fragebogen darstellen soll und darauf abzielt, den Nationalsozialismus herabzusetzen.

Leipelt verfaßte ferner einen Bericht über die Eröffnung der Münchener Universitätswoche am 13. Januar 1943. Obwohl er an dieser Feier nicht teilgenommen, sondern sich nur von seinen

Gesinnungsfreunden hatte darüber unterrichten lassen, gab er die Rede des Gauleiters und des Gaustudentenführers entstellt wieder und fügte herabsetzende Randbemerkungen hinzu. Dieses Schriftwerk sowie den erwähnten Fragebogen und ferner die Revueszene „Friede" des Juden Feuchtwanger las er der Angeklagten Jahn und der bei ihr weilenden wissenschaftlichen Hilfsarbeiterin Kreuzer vor.

Leipelt hörte auch in München häufig ausländische Rundfunksendungen ab. Zuerst geschah dies bei dem bereits genannten Heinz Schulz. Insbesondere wurden bei diesem am 16. August 1943 Feindnachrichten abgehört, als Schulz nach Beendigung eines Urlaubs zur Wehrmacht zurückkehrte und deshalb eine Abschiedsfeier veranstaltete. Außer den Eheleuten Schulz und dem Angeklagten Leipelt nahmen auch die Angeklagten Freise und Dreyfeldt an dieser Feier teil und waren auch zugegen, als die Feindnachrichten durchgesagt wurden. Später bezog Leipelt das Zimmer des Schulz, der von seiner Frau getrennt wohnte, und benutzte dann regelmäßig dessen Rundfunkgerät zum Abhören von Feindsendungen. Als bei einem solchen Vorgang die Angeklagte Hedwig Schulz zugegen war, forderte er sie auf, die durchgegebenen Nachrichten mitzustenografieren, was diese auch tat. Das sieben Seiten umfassende Stenogramm ist später in der Wohnung des Leipelt gefunden worden. Ferner hörte Leipelt gelegentlich gemeinsam mit der Angeklagten Jahn Nachrichten ausländischer Sender ab.

In seinen politischen Unterhaltungen verwertete der Angeklagte regelmäßig das, was er in den Feindsendungen gehört hatte und äußerte dann stets seine Genugtuung, wenn es sich um für uns ungünstige Nachrichten handelte. So bekundet die Angeklagte Jahn, daß er sich im Kreise seiner Gesinnungsgenossen hocherfreut die Hände rieb, wenn er Erfolge der Sowjets mitteilen konnte.

Im Anfang des Jahres 1943 wurde in München und anderen Städten ein Flugblatt mit der Überschrift „Studenten und Studentinnen“ verbreitet, in dem zur Sabotage der Rüstung und zum Sturz der nationalsozialistischen Staatsführung aufgefordert wurde. Als Hauptverteiler wurden die Münchener Studenten Hans und Sophia Scholl sowie Probst und als Verfasser des Blattes der Professor Huber ermittelt und alsbald vom Volksgerichtshof wegen Feindbegünstigung und Wehrkraftzersetzung zum Tode verurteilt. Leipelt beschaffte sich im Januar oder Februar 1943 eine Abschrift dieses Blattes und gab sie der Angeklagten David, gegen die das Verfahren abgetrennt worden ist, zu lesen. Als diese ihm das Schriftstück zurückgab, schrieb er es mit mehreren Durchschlägen auf der Schreibmaschine ab und gab je ein Stück an die Studenten Riko Graepel, Walter Rapp und Hubert Rager sowie an die Angeklagte Jahn weiter. Der Angeklagten Schulz und der Studentin von Mallinckrodt zeigte er es, der wissenschaftlichen Hilfsarbeiterin Kreuzer las er es vor.

Als er in den Osterferien zu seiner Mutter nach Hamburg [kam], zeigte er auch ihr und seiner Schwester das Flugblatt. Er las [es] ferner seinen Freunden Kucharski, Schneider und Tietz sowie [den] zwei Mädchen vor, die diese mitgebracht hatten. Bei dieser Zusammenkunft erzählte er, daß die Geschwister Scholl wegen der ersten Flugblattverteilung zum Tode verurteilt worden waren, und feierte sie als Märtyrer, für die er Bewunderung und Sympathie empfinde und die ihn nur zu gleichem Tun anspornten. In dieser Zeit erörterte Leipelt ferner mit Kucharski die Möglichkeit, [die] Münchener Vorgänge der Öffentlichkeit in einer Schrift zu unterbreiten und sie sogar an den englischen Rundfunk weiterzuleiten. Er erklärte sich bereit, einen Bericht für das feindliche Aus[land] anzufertigen und stellte Kucharski auch das von ihm gesammelte Material zur Verfügung. Dieser gab es ihm aber nach einigen Tagen mit der Erklärung zurück, daß das Ausland von diesen Vorgängen bereits unterrichtet sei und der Bericht sich daher erübrige.

Im Mai oder Juni 1943 kam Leipelt wieder nach Hamburg. Er traf sich erneut mit Kucharski, dessen Freundin Rothe und seinem ehemaligen Nachhilfeschüler Himpkamp. In diesem Kreise besprach er die Möglichkeit, durch Terror- und Sabotageakte die Hamburger Bevölkerung in Aufregung zu versetzen und so der Öffentlichkeit zu zeigen, daß entgegen der Behauptung der Regierung Ruhe und Ordnung nicht bestünde. Zunächst schlug er vor, Starrkrampfbazillen in die Hamburger Wasserleitung zu bringen, doch wurde dieser Plan wieder fallen gelassen. Später kam er mit ihnen überein, die Lombardbrücken in Hamburg zu sprengen, um den wichtigen Nordsüdverkehr der Eisenbahn durch Hamburg zu unterbrechen. Er selbst versprach in München den erforderlichen Sprengstoff zu beschaffen und bestimmte Himpkamp, die Tat auszuführen. Zum Schluß erörterte man die Möglichkeit, sich falsche Ausweise und Revolver zu beschaffen. Als er nach München zurückkehrte, fragte er den Angeklagten Erlenbach, den er als Studiengenossen kannte, ob er für ihn Nitroglyzerin herstellen könne. Dieser bejahte zwar die Frage, lehnte es aber ab, sich weiter damit zu beschäftigen, da er für solche Dinge keine Zeit habe. Zur Ausführung des geplanten Terroraktes ist es nicht mehr gekommen.

Schließlich spendete Leipelt auf Anregung des Angeklagten Erlenbach im September 1943 für die Hinterbliebenen des zuvorerwähnten zum Tode verurteilten Professor Huber 52 RM und regte auch in seinem Bekanntenkreise eine Beteiligung an dieser Sammlung an. Er erhielt aber lediglich von der Studentin Hofer 20 RM, die er ebenfalls an Erlenbach weiterleitete.

2.) Die angeklagte Jahn wurde mit Leipelt durch die Arbeit im chemischen Laboratorium der Universität München bekannt und schloß mit ihm Freundschaft. Anfangs wußte sie nicht, daß er Halbjude war, hielt aber die Verbindung zu ihm aufrecht, als sie davon erfuhr. In den Gesprächen mit ihr äußerte sich Leipelt offen über seine politische Einstellung. So erklärte er einmal, als er mit ihr über den Königsplatz in München ging, daß dieser Platz viel schöner aussehen würde, wenn mittendrin eine Bombe niedergegangen wäre. Auf einen Fahnenmast deutend fragte er sie, wie der Mast wohl aussehen würde, wenn man an ihm ein hohes Parteimitglied hochziehen würde. Ein anderes Mal sprach er davon, daß man als Vorbereitung auf eine kommende Revolution schon jetzt eine „braune Liste" aufstellen müsse, in der alle Personen aufzuführen seien, die dann unschädlich gemacht werden müßten. Auch sonst erfuhr sie aus seinen ständigen staatsfeindlichen Äußerungen, daß er den nationalsozialistischen Staat bekämpfte und den Sieg des Kommunismus erstrebte. Im Februar 1943 erhielt sie von ihm das Flugblatt „Kommilitonen und Kommilitoninnen" und las es den Studentinnen von Mallinckrodt und Kreuzer vor. In ihrer Wohnung schrieb Leipelt den Bericht über die Studentenkundgebung vom 13. Januar 1943 und sie erhielt auch von ihm eine Abschrift dieses Machwerks sowie weitere Abschriften von Erzeugnissen staatsfeindlicher Schriftsteller wie Feuchtwanger und Kästner.

Ostern 1943 fuhr die Angeklagte mit Leipelt nach Hamburg und hielt sich vom 6. bis 10. April im Hause seiner jüdischen Mutter auf. Sie ergänzte die Schilderungen, die Leipelt seinen Hamburger Freunden entstellt über die Vorgänge in München gab. Bei Kucharski hörte sie mit diesem und Leipelt zusammen einen russischen Rundfunksender ab.

Von Hamburg fuhr sie zu ihren Eltern in die Ferien. Dort zeigte sie das Flugblatt ihrer Mutter und der dort zu Besuch weilenden Ärztin Dr. Welsmann, ebenso den von Leipelt verfaßten Bericht über die Studentenkundgebung. Sie erzählte auch, daß sie einen halbjüdischen Studenten kennengelernt habe, dessen freigeistige „kulturbolschewistische“ Einstellung sie verehre. Beide machten ihr heftige Vorwürfe, erreichten aber nur, daß sie das Flugblatt verbrannte, während sie den Bericht wieder mit nach München nahm. Hier ließ sie sich von Leipelt eine neue Abschrift des Flugblattes aushändigen.

Leipelt erzählte ihr auch, daß er mit Kucharski verabredet habe, eine große Brücke in Hamburg zu sprengen, um die Lebensmittelzufuhr zu sperren und eine Panik auszulösen, und daß er selbst den Sprengstoff dazu besorgen wolle. Er äußerte ferner, daß Hamburg noch lange nicht genügend zerstört worden sei und daß Deutschland erst dann Frieden machen werde, wenn alle Städte restlos vernichtet seien. Bei allen diesen Gesprächen äußerte die Angeklagte niemals auch nur den geringsten Widerspruch und bestärkte Leipelt somit in seinem Vorhaben. Als Schneider im September 1943 nach München kam, machte Leipelt sie auch mit ihm bekannt.

Anfang September 1943 erhielt die Angeklagte von dem an der Ostfront kämpfenden Studenten Rapp drei oder vier sowjetrussische Flugblätter. Eins davon befaßte sich damit, daß sich die bei Stalingrad in Gefangenschaft geratenen deutschen Offiziere zu einem „Nationalkomitee für ein Freies Deutschland“ zusammengeschlossen hätten. Ein anderes forderte zum Überlaufen auf; ihm war ein Passierschein beigefügt. Obwohl die Flugblätter ausdrücklich den handschriftlichen Vermerk „Feindpropaganda!“ trugen, gab die Jahn sie an Leipelt weiter, von dem sie wußte, daß er schon ohnehin sowjetfreundlich eingestellt war.

3.) Die Angeklagte Schulz lernte Leipelt durch ihren Ehemann kennen, der sich, obwohl er im Eher-Verlag tätig war, mit ihm anfreundete und politische Unterhaltungen führte. Die Angeklagte, die keine Ehewohnung hatte und daher mit ihrem Mann nicht zusammenwohnte, hörte zwar nicht jedesmal aber doch wiederholt diese Unterhaltungen mit an und erfuhr dadurch, daß Leipelt staatsfeindlich eingestellt war, den Sieg der Sowjets in diesem Kriege wünschte und für den Kommunismus Stimmung machte. Nichtsdestoweniger widersprach sie diesem Verkehr nicht, sondern setzte ihn sogar fort, als ihr Mann zur Wehrmacht eingezogen wurde. Dieser hatte schon vordem wiederholt ausländische Rundfunksender abgehört, einmal auch feindliche Nachrichten in ihrer Gegenwart. Als er im August auf Urlaub kam und dann die bereits erwähnte Abschiedsfeier veranstaltete, war die Angeklagte ebenfalls zugegen, während ihr Mann von einem Auslandsender zuerst Tanzmusik und später Nachrichten übertragen ließ. In der Folgezeit hörte sie gemeinsam mit Leipelt noch viermal feindliche Sendungen ab und stenografierte auf Leipelts Geheiß ein- oder zweimal die Sendungen mit, wobei sie sich darüber klar war, daß Leipelt die Niederschrift in seinem Sinne verwerten würde. Auch besprach Leipelt mit ihr gelegentlich die Feindnachrichten. Er zeigte ihr ferner seinen Bericht über die Münchener Vorgänge und die drei sowjetrussischen Flugblätter, die er von der Jahn erhalten hatte.

(4/5) Der Angeklagte Treppesch wohnte bei der Mutter des Angeklagten Erlenbach als Untermieter. Als diese gelegentlich beim Mittagessen auf das Todesurteil gegen den Professor Huber zu sprechen kam, erzählte er, daß dessen Witwe keine Pension erhalte, in ärmlichen Verhältnissen lebe und von privater Seite unterstützt werde, was er zufällig anläßlich eines Kirchganges gehört hatte. Dabei äußerte er, daß man doch für die Familie etwas tun müsse. Diesen Gedanken griff der Angeklagte Erlenbach, der an der Mahlzeit teilnahm, auf, und er entschloß sich, für die Familie des Huber gelegentlich unter Bekannten Geld zu sammeln. Als er bald darauf Treppesch von seinem Vorhaben erzählte, stimmte dieser zu. In der Folgezeit sprach Erlenbach darüber mit dem Angeklagten Leipelt, den er vom chemischen Laboratorium her kannte, und dieser gab ihm zuerst 20 RM, die er wiederum von der Studentin Rothe erhalten hatte, und dann 52 RM aus eigener Tasche. Erlenbach legte aus eigenen Mitteln 28 RM [dazu] und gab die sich daraus ergebenden 100 RM an Treppesch weiter mit der Bitte, das Geld der Witwe Huber zu übermitteln. Dieser wurde aber verhaftet, ehe er dazu kam, das Geld weiterzuleiten.

Der Angeklagte Erlenbach hörte ferner mindestens dreimal während des Krieges den Schweizer Sender Beromünster, um die Nachrichten der Feindmächte mit unseren Wehrmachtberichten zu vergleichen. Er sprach auch gelegentlich mit Leipelt, der selbst Feindsender hörte, über den Inhalt der Meldungen. An andere Personen gab er das Gehörte nicht weiter. Nach seiner unwiderlegten Darstellung kam er beim Einstellen des Empfangsgerätes versehentlich einige Male auf unbekannte Auslandsender, schaltete aber ab, als er dies erkannte.

6/7) Die Angeklagten Freise und Dreyfeldt lernten Leipelt im Jahre 1942 im chemischen Laboratorium kennen und merkten bald aus seinen Reden, daß er kommunistisch eingestellt war. Trotzdem verkehrten sie mit ihm und besuchten ihn an seinem Geburtstag, auf dem er in Gegenwart anderer Gäste Gedichte des Juden Kästner und den von ihm verfaßten „Fragebogen im Vierten Reich“ vortrug.

Im August 1943 suchte Leipelt gemeinsam mit Freise die Dreyfeldt in ihrer Wohnung auf, wo diese krank zu Bett lag. Er versuchte, auf dem Empfangsgerät der Dreyfeldt einen Auslandsender einzuschalten, doch gelang ihm das nicht.

Als der Ehemann Schulz am 16. Augusut die bereits erwähnte Abschiedsfeier gab, nahm die Dreyfeldt den Angeklagten Freise, der nicht besonders eingeladen worden war, dahin mit. Als sie eintrafen, wurde im Radio Tanzmusik übertragen. Anschließend kamen Nachrichten und dabei stellte es sich heraus, daß Leipelt einen Feindsender – anscheinend London – eingeschaltet hatte. Während die Angeklagten Dreyfeldt und Frau Schulz sich unterhielten, hörten die übrigen die Nachrichten dieses Senders ab und sprachen auch anschließend darüber.

Einige Zeit später forderte Leipelt die Angeklagten Freise und Dreyfeldt beim Mittagessen auf, sich an der Sammlung für die Familie des Professor Huber zu beteiligen. Beide lehnten indessen ab.

Dieser Sachverhalt ist festgestellt auf Grund der eigenen Einlassung der Angeklagten, die im wesentlichen geständig gewesen sind und der Bekundungen der Zeugen Professor Wieland und Oberst a. D. Kelsch. Die erwähnten Flugblätter lagen in der Hauptverhandlung vor, ferner wurde das Urteil des Volksgerichtshofs gegen Schmorell u. A. – 1 H 101/43 – auszugsweise verlesen.

III.

Die Würdigung des Sachverhalts und die Strafe.

Die Gesamtbetätigung des Angeklagten Leipelt läßt eindeutig erkennen, daß er darauf abzielte, seine Umgebung im staatsfeindlichen Sinne zu beeinflußen und nach Möglichkeit für die kommunistische Bewegung zu begeistern. Er fühlte sich durch die ihm als Halbjuden zuteil gewordene Entfernung aus unserer Wehrmacht gedemütigt, haßte vor allem aus diesem Grunde den Nationalsozialismus, dessen Einstellung zur Rassenfrage er mißbilligte, und stellte sich demzufolge in die Front unserer Feinde, um uns zu schaden und dem Feind zu helfen. Aus dieser Gesinnung heraus verbreitete er auch die wehrkraftzersetzenden Flugblätter ohne Rücksicht darauf, ob sie von dem Verräter Huber oder von den Sowjets selbst herrührten. Ihm kam es darauf an, möglichst viele Personen um sich zu scharen, die er im staatsfeindlichen Sinne beeinflußen konnte und die diese Propaganda dann ihrerseits weitertrugen. Daß er die feindlichen Hetzmeldungen hörte, um sich in seiner staatsfeindlichen Einstellung zu stärken und Material für seine Hetzpropaganda zu erhalten, liegt auf der Hand. Seine Tat, die zugleich hochverräterischen Charakter im Sinne des § 83 StGB. hat und auch gegen § 1 und 2 der VO. über außerordentliche Rundfunkmaßnahmen verstößt, ist demnach in ihrem wesentlichen Inhalte eine Wehrkraftzersetzung im Sinne des § 5 KSSVO. und eine Begünstigung des Feindes (§ 91 b StGB.). Nach diesen beiden Gesetzen ist der Angeklagte daher bestraft worden, wobei die Strafe gemäß § 73 aus § 5 KSSVO. zu entnehmen war.

Bei der Strafzumessung hat der Senat folgendes in Betracht gezogen: Der Angeklagte hatte insofern eine besondere Begünstigung erfahren, als ihm durch die Rückziehung aus dem Wehrdienst die Möglichkeit gewährt wurde, ungehindert seiner Berufsausbildung nachzugehen, während alle waffenfähigen deutschen Männer an der Front stehen. Diese Vergünstigung hat er damit vergolten, daß er sich an deutsche Jünglinge und Mädchen heranmachte, sie in überaus dreister Weise gegen ihr eigenes Volk aufhetzte und so auf den Zusammenbruch unseres Volkes hinarbeitete. Alle Mitangeklagten sind, soweit sie verurteilt sind, mehr oder weniger ein Opfer dieses Angeklagten, der in überaus geschickter Weise es verstanden hat, seine zersetzenden Ideen zu verbreiten. Wie stark der verbrecherische Wille des Angeklagten war, geht aus seinen Äußerungen hervor, in denen er sich selbst bereiterklärt, führende Männer des Nationalsozialismus zu beseitigen und Terror- und Sabotageakte zu verüben. Zieht man ferner in Betracht, daß der Angeklagte seine verbrecherische

Tätigkeit in der Notzeit des Krieges entfaltet hat, in dem das ganze Volk die äußerste Kraft aufbringen muß, um dem Feinde standzuhalten, und in dem jede zersetzende Tätigkeit schwerste Folgen nach sich ziehen kann, so muß jeder Milderungsgrund ausscheiden, auch der, daß der Angeklagte sich vor der Tat einwandfrei verhalten, als Soldat seine Pflicht getan und sich sogar ausgezeichnet hat. Im Interesse der Sicherheit unseres Volkes kann nur die härteste Strafe, die das Gesetz zuläßt, seine Tat sühnen. Leipelt war daher zum Tode zu verurteilen. Da er ehrlos gehandelt hat, waren ihm die Ehrenrechte auf Lebenszeit abzuerkennen (§ 32 StGB.).

Die Angeklagte Jahn hat nicht nur von dem Vorhaben Leipelts durch den engen Verkehr mit ihm eingehende Kenntnis gehabt, sondern dieses auch durch ihr widerspruchsloses Verhalten, das bei der ganzen Sachlage nur als Zustimmung gewertet werden kann, gebilligt und gefördert. Sie verbreitete außerdem das Flugblatt „Kommilitonen und Kommilitoninnen“, bestätigte und ergänzte den verzerren Bericht Leipelts über die Münchener Studentenkundgebung und gab die sowjetischen Flugblätter an Leipelt weiter, wobei ihr klar war, daß derartige Parolen gerade bei ihm auf fruchtbaren Boden fielen und ihn zu weiterer Betätigung im staatsfeindlichen Sinne anreizten.

Wenn die Angeklagte dazu vorträgt, sie sei trotz ihrer früheren Zugehörigkeit zum BDM. und später zum NS-Studentenbund politisch uninteressiert gewesen und habe lediglich unter dem Einfluß Leipelts gehandelt, so vermochte der Senat ihr diese Einlassung nicht zu widerlegen. Feststeht jedenfalls, daß ihre staatsfeindliche Tätigkeit erst mit ihrer Freundschaft zu Leipelt einsetzt. Daß sie eine sehr starke Neigung zu Leipelt empfunden und mit ihm auch im Geschlechtsverkehr gestanden hat, gibt sie ebenfalls zu. Sie hat während der Arbeitsdienstzeit eine Gebärmutteroperation über sich ergehen lassen müssen, die sie unfruchtbar gemacht hat, und es besteht die Möglichkeit, daß dadurch ihr Gefühlsleben nicht unerheblich beeinflußt worden ist. Der Senat hat jedenfalls aus dem Gesamtverhalten der Angeklagten und insbesondere auch aus ihrem Auftreten in der Hauptverhandlung den Eindruck gewonnen, daß sie so stark unter dem Einfluß Leipelts gestanden hat, daß sie lediglich, um ihm gefällig zu sein und sich seine Neigung zu erhalten, die ihr zur Last fallende Betätigung ausgeübt hat. Sie war sich zwar vollkommen klar darüber, daß Leipelt darauf ausging, unsere Wehrkraft zu zersetzen und auch sonst den Feinden in die Hand zu arbeiten, und sie wußte auch, daß sie ihn durch ihr Verhalten darin unterstützte und förderte. Obwohl sie nun selbst gar nicht staatsfeindlich eingestellt war, brachte sie doch nicht die Kraft auf, Leipelt insoweit entgegenzutreten, weil sie ihn dadurch zu verlieren befürchtete. Der Senat hat sie daher der Beihilfe zu dem von Leipelt begangenen Verbrechen der Wehrkraftzersetzung und Feindbegünstigung für schuldig erachtet.

Da der verbrecherische Wille des Gehilfen regelmäßig nicht so schwer wiegt wie der des Täters, hat der Senat die vom Oberreichsanwalt beantragte Todesstrafe nicht für erforderlich gehalten. Das Sicherheitsbedürfnis des Volkes erheischt aber auf jeden Fall eine harte Strafe. Die Angeklagte hat nicht nur verbrecherisch sondern auch würdelos gehandelt. Gegen sie ist daher eine Zuchthausstrafe von zwölf Jahren verhängt worden. Ferner ist sie auf zehn Jahre für ehrlos erklärt worden (§ 32 StGB.).

Die Angeklagte Hedwig Schulz hat den Verkehr mit Leipelt nicht gesucht sondern ist durch ihren Ehemann mit ihm bekannt geworden, der nicht nur schon vordem Feindsender abhörte, sondern mit Leipelt politische Unterhaltungen führte, die zumindestens von dessen Seite eine zersetzende Tendenz hatten. Auch Hedwig Schulz ist als Tochter eines früheren Offiziers, wie sie glaubhaft versichert, keineswegs im staatsfeindlichen Sinne erzogen worden. Sie mißbilligte zwar den Verkehr ihres Mannes, da ihr Leipelts politische Einstellung durchaus nicht zusagte, vermochte aber sich ihrem Mann gegenüber nicht durchzusetzen. Schließlich trat sie sogar zu Leipelt, obwohl sie jung verheiratet war, in Geschlechtsverkehr und so kam es wohl, daß sie, als ihr Mann bei der Wehrmacht war, öfter zu Leipelt kam, mit ihm feindliche Rundfunksendungen hörte und ein- oder zweimal sogar die Nachrichten auf dessen Verlangen aufschrieb. Die Angeklagte hat ihr Verhalten zu Leipelt damit erklärt, daß ihre Ehe wegen Impotenz ihres Mannes nicht glücklich gewesen sei. So sei es Leipelt leicht gewesen, sie zu gewinnen, auch sei er ihr intellektuell weit überlegen, so daß sie gegen ihn nicht aufgekommen sei, wenn sie Ausführungen widersprochen habe. Wenn auch diese Darstellung ihr nicht widerlegt werden konnte, so steht doch fest, daß die Angeklagte auf jeden Fall mehrfach Feindsender gehört und mindestens einmal dessen Nachrichten durch Niederschrift und Weitergabe der Aufzeichnungen an Leipelt verbreitet hat. Daß die Angeklagte bei der Anfertigung dieser Niederschrift die Vorstellung gehabt hat, damit die staatsfeindlichen Bestrebungen des Leipelt zu fördern, konnte nicht mit Sicherheit festgestellt werden, denn nach den übereinstimmenden Angaben Leipelts und der Angeklagten handelte es sich dabei um einen spontanen Wunsch Leipelts, dem die Schulz ohne weiteres nachgekommen ist. Auch daß sie sonst die Bestrebungen Leipelts bewußt unterstützt hat, läßt sich nicht feststellen. Sie hatte aber aus den verschiedenen Gesprächen mit Leipelt von dessen hoch- und landesverräterischen Vorhaben glaubhafte Kenntnis und hat eine Anzeige unterlassen. Sie war daher aus § 139 StGB und ferner wegen Abhörens und Verbreitens von Auslandssendungen gemäß §§ 1 und 2 der VO. über außerordentliche Rundfunkmaßnahmen zu bestrafen.

Die Angeklagte hat auf das Gericht keinen ungünstigen Eindruck gemacht. Sie war aufrichtig, hat sich offen zu ihrer Tat bekannt und Reue gezeigt. Ihre Mutter hat sie bereits im Alter von sechs Jahren verloren, und es war ihr nicht zu widerlegen, daß ihre Erziehung infolgedessen vernachlässigt worden ist. An ihrem Manne hatte sie keinen Halt, vielmehr war er es gerade, der sie mit dem Halbjuden und Staatsfeind Leipelt in Verbindung brachte, so daß Leipelt dann auch bei ihr seine zersetzende Tätigkeit entfalten konnte. Aus diesen Erwägungen heraus hat der Senat für die unterlassene Anzeige unter Annahme eines besonders schweren Falles eine Zuchthausstrafe von einem Jahr und wegen Abhörens und Verbreitens ausländischer Rundfunk-sendungen eine solche von 1 1/2 Jahren für angemessen erachtet und diese Strafen gemäß § 74 StGB zu zwei Jahren Zuchthaus zusammengezogen. Wegen der Ehrlosigkeit ihres Tuns mußte die Angeklagte ferner auf die Dauer von zwei Jahren für ehrlos erklärt werden.

Der Angeklagte Treppesch hat eine Sammlung für die Witwe des Professors Huber angeregt und die dafür aufgebrachten 100 RM übernommen, um sie der Bedachten auszuhändigen. Er hat sein Verhalten damit erklärt, daß er weder die politische Einstellung des Huber gebilligt noch diesen oder seine Familie gekannt habe. Er sei aus kleinen Verhältnissen stammend sein ganzes bisheriges Leben hindurch häufig in Not gewesen, habe als Werkstudent so viel arbeiten müssen, daß er krank geworden sei, und neige allgemein aus diesen Erlebnissen heraus dazu, anderen zu helfen. So sei auch nur das Mitleid mit dem ihm geschilderten Schicksal der Frau Professor Huber bei ihm die Ursache gewesen, eine Unterstützung anzuregen, ohne daß er dabei an eine politische Demonstration gedacht hätte. Der Senat hat dem Angeklagten diese Einlassung nicht widerlegen können und demzufolge in Übereinstimmung mit dem Antrag des Anklagevertreters auf Freispruch mangels hinreichenden Beweises erkannt.

Auch bei Erlenbach konnte nicht mit hinreichender Sicherheit festgestellt werden, daß dieser Angeklagte mit der Sammlung für

Frau Professor Huber die politischen Bestrebungen des zum Tode verurteilten Ehemannes fördern wollte, wie es die Anklage annimmt. Der Angeklagte ist bisher politisch in keiner Weise hervorgetreten. Er hat vorgetragen, daß seine Familie stets Wohltätigkeit in reichem Maße geübt und insbesondere den Mitangeklagten Treppesch wegen seiner schlechten wirtschaftlichen Lange unentgeltlich aufgenommen habe. Er selbst habe gelegentlich auch notleidende Nationalsozialisten unterstützt. Diese Umstände stehen der Feststellung entgegen, daß der Angeklagte durch die Sammlung für die Familie Huber kommunistische Bestrebungen fördern wollte. Damit war einer Verurteilung des Angeklagten wegen Vorbereitung zum Hochverrat der Boden entzogen. Andererseits hat Erlenbach nach seinem eigenen Geständnis mindestens dreimal Nachrichten des Rundfunksenders Beromünster absichtlich gehört und damit gegen § 1 des Verbotgesetzes verstoßen. Er hat auch gelegentlich mit Leipelt über das Gehörte gesprochen. Hierin vermochte aber der Senat ein Verbreiten des Gehörten im Sinne des § 2 dieses Gesetzes nicht zu erblicken, da der Inhalt der Gespräche nicht mehr festgestellt werden konnte. Da auch Leipelt seinerseits Auslandssendungen hörte, ist eine Unterhaltung der beiden Angeklagten über dieses Thema ohne Inhaltsweitergabe durchaus denkbar. Der Angeklagte hat nur dreimal derartige Sendungen abgehört und dann aus freien Stücken davon abgelassen. Der Senat hat deshalb einen leichteren Fall angenommen und eine Gefängnisstrafe von zwei Jahren als ausreichende Sühne erachtet.

Die Angeklagten Freise und Dreyfeldt kannten Leipelt vom chemischen Laboratorium her und besuchten ihn auch einmal zu seinem Geburtstag. Damals las Leipelt seinen „Fragebogen für das Vierte Reich" und Gedichte des Juden Kästner vor. Freise ist auch einmal mit Leipelt zu der Dreyfeldt gegangen, wo Leipelt vergeblich Auslandsender einzuschalten versuchte. Daß Freise und Dreyfeldt damals bereits das hochverräterische Treiben Leipelts durchschauten oder sich gar bewußt waren, dieses durch ihr Verhalten zu fördern, ist nicht mit Sicherheit festzustellen. Freise hielt Leipelt, wie er unwiderlegt vorgetragen hat, für einen Aufschneider und Großsprecher, und auch die Dreyfeldt sah ihn als einen „Salonbolschewisten“ an, der nicht ernst zu nehmen war. Zweifellos hat sich Leipelt zu diesen beiden Angeklagten auch nicht so rückhaltlos ausgesprochen wie zur Jahn und zu Hedwig Schulz. Bei ihnen kann daher eine glaubhafte Kenntnis von einem hochverräterischen Vorhaben Leipelts nicht mit Sicherheit festgestellt werden.

Beide haben indessen an der Zusammenkunft bei den Eheleuten Schulz teilgenommen, auf der auch Nachrichten eines Auslandssenders übertragen wurden. Die Angeklagte Dreyfeldt behauptet, nicht darauf geachtet zu haben, da sie in eine Unterhaltung mit der Angeklagten Schulz vertieft gewesen sei. Die Angeklagte Schulz hat diese Darstelllung bestätigt. Außerdem hat die Hauptverhandlung ergeben, daß die Übertragung des Lautsprechers so leise erfolgte, daß man schon ziemlich nahe herantreten mußte, um das Gesprochene zu verstehen. Hiernach war der Angeklagten Dreyfeldt nicht nachzuweisen, daß sie aus dem Inhalt der Übertragung oder am sonstigen Gespräch der anderen Teilnehmer die Sendung als ausländische erkannt hat. Sie mußte daher in Übereinstimmung mit dem Antrage des Anklagevertreters mangels hinreichenden Beweises freigesprochen werden.

Freise hingegen hat diese Nachrichten gehört und auch verstanden. Er fühlte sich, wie er behauptet, überrumpelt und wagte nicht zu protestieren, obwohl er innerlich mit diesem Verhalten nicht einverstanden war. Selbst wenn man ihm diese Einlassung glaubt, so kann sie den Angeklagten nicht entlasten, denn er hat in voller Kenntnis der Tragweite seines Tuns die Feindnachrichten abgehört, obwohl es ihm freistand, das Haus zu verlassen oder die Fortsetzung der Übertragung zu verhindern. Damit hat er sich des absichtlichen Abhörens ausländischer Sender schuldig gemacht. Da der Angeklagte sich sonst aber einwandfrei geführt hat, insbesondere auch sich freiwillig zum Arbeitseinsatz gemeldet und in diesem bestätigt hat, und da er in diesem Falle wider seinen Willen in eine Situation geraten ist, der er nicht gewachsen war, erschien die Annahme eines leichteren Falles im Sinne des § 1 Satz 3 der Rundfunkverbotsverordnung am Platze, so daß auf eine Gefängnisstrafe zu erkennen war. Diese ist in Höhe von einem Jahr als ausreichend aber auch als erforderlich angesehen worden.

Die Einziehung der beschlagnahmten Gegenstände beruht auf § 86 a StGB und § 1 der VO über außerordentliche Rundfunkmaßnahmen, die Anrechnung der Untersuchungshaft bei den Angeklagten Jahn, Erlenbach, Freise und Schulz auf § 60 StGB, die Kostenentscheidung auf §§ 465, 467 StPO.

gez. Diescher Dr. Großpietsch.

Quelle: Institut für Zeitgeschichte München, FA 215, Band I, S. 206–225.

Kurzbiografien

Hans Conrad Leipelt

18. Juli 1921	geboren als Sohn von Conrad Leipelt und Dr. rer. nat. Katharina Leipelt geb. Baron in Wien
13. Dezember 1925	Geburt der Schwester Maria Christine Irene Margarethe Leipelt in Hamburg
1938	Abitur an der Oberschule Hamburg-Wilhelmsburg
1938	Selbstmord von Katharina Leipelts Bruder nach dem „Anschluss“ Österreichs und der Flucht der Eltern Baron nach Brünn in die Tschechoslowakei. Nach dem Tod des Schwiegervaters holt Conrad Leipelt seine 72-jährige Schwiegermutter nach Hamburg
5. April – 25. Oktober 1938	Reichsarbeitsdienst: Einsatz beim Bau der Bunkeranlage am Westwall
11. November 1938	Wehrmacht: Ausbildung beim motorisierten Infanterie-Regiment 69, das in Hamburg-Wandsbek stationiert ist
1. September 1939	Beginn des Zweiten Weltkrieges, Teilnahme am Feldzug gegen Polen
Januar 1940	Das Regiment wird in Vorbereitung der Operation „Fall Gelb“ an die Westgrenze verlegt

10. Mai 1940	Teilnahme am Feldzug gegen Frankreich
5. Juni 1940	Das Regiment steht vor Estrée Denicourt; Beginn der Freundschaft mit Karl Ludwig Schneider (später Mitglied des Hamburger Kreises der Weißen Rose)
Juni 1940	Auszeichnungen: Eisernes Kreuz 2. Klasse, Panzerkampfabzeichen in Bronze
29. August 1940	Aufgrund eines Geheimerlasses des Oberkommandos der Wehrmacht zur Behandlung von „jüdischen Mischlingen 1. Grades" „unehrenhafte" Entlassung aus der Wehrmacht
WS 1940/41	Beginn des Studiums der Chemie an der Universität Hamburg
WS 1941/42	Nach massiven Behinderungen und Schikanen im Chemischen Institut Fortsetzung des Studiums am Chemischen Staatslabor in München, unter der Leitung des Nobelpreisträgers Geheimrat Professor Dr. Heinrich Wieland
Frühjahr 1942	Beginn der Freundschaft mit Marie-Luise Jahn, die seit 1940 am Chemischen Institut studiert
19. Juli 1942	Die Großmutter Hermine Baron wird zusammen mit 666 weiteren Hamburger Juden nach Theresienstadt deportiert, wo sie Anfang 1943 stirbt
23. September 1942	Tod des Vaters Conrad Leipelt während eines Kuraufenthaltes in Bad Kissingen;

	Maria Leipelt muss die Elise-Averdieck-Schule verlassen und kommt in einer höheren Handelsschule in Hamburg unter
13. Januar 1943	Rede des Gauleiters Paul Giesler im Deutschen Museum anlässlich des 470-jährigen Bestehens der Universität München
31. Januar/	Kapitulation der 6. Armee in Stalingrad
2. Februar 1943	Prof. Kurt Huber schreibt das 6. Flugblatt der Weißen Rose, das Hans Leipelt mit der Post erhält
18. Februar 1943	Verhaftung von Hans und Sophie Scholl im Lichthof der Universität München
19. Februar 1943	Verhaftung von Christoph Probst
22. Februar 1943	Der Volksgerichtshof verurteilt Hans und Sophie Scholl und Christoph Probst zum Tode. Die drei Studenten werden noch am selben Tag in Stadelheim hingerichtet.
	Hans Leipelt und Marie-Luise Jahn tippen das 6. Flugblatt ab und geben ihm die Überschrift: „... und ihr Geist lebt trotzdem weiter!“
April 1943	Osterferien in Hamburg. Hans Leipelt und Marie-Luise Jahn geben ihren Freunden Karl Ludwig Schneider, Heinz Kucharski und Greta Rothe das 6. Flugblatt sowie die mitstenografierte Giesler-Rede
Herbst 1943	Geldsammlung für Frau Huber, die nach der Verhaftung und Hinrichtung

	ihres Mannes Prof. Kurt Huber mit ihren beiden Kindern völlig mittellos ist. Diese Sammelaktion wird bei der Gestapo denunziert
8. Oktober 1943	Verhaftung von Hans Leipelt
18. Oktober 1943	Verhaftung von Marie-Luise Jahn
9. November 1943	Verhaftung der Schwester Maria Leipelt in Hamburg
7. Dezember 1943	Verhaftung der Mutter Katharina Leipelt in Hamburg
8./9. Dezember 1943	Tod von Dr. Katharina Leipelt in der Gestapohaftanstalt Fuhlsbüttel
13. Oktober 1944	Prozess gegen Hans Leipelt, Marie-Luise Jahn u. a. vor dem 2. Senat des Volksgerichtshofes in Donauwörth wegen „Vorbereitung zum Hochverrat in Tateinheit mit Wehrkraftzersetzung, Feindbegünstigung und Rundfunkverbrechen". Für Hans Leipelt und Marie-Luise Jahn wird die Todesstrafe beantragt. Professor Dr. Heinrich Wieland tritt als Entlastungszeuge auf. Hans Leipelt wird zum Tode, Marie-Luise Jahn wird zu 12 Jahren Zuchthaus verurteilt. Die weiteren Urteile: Hedwig Schulz: 2 Jahre Zuchthaus, Wolfgang Erlenbach: 2 Jahre Gefängnis, Valentin Freise: 1 Jahr Gefängnis, Dr. Franz Treppesch: Freispruch, Lieselotte Dreyfeldt: Freispruch.
29. Januar 1945	Hans Leipelt wird in Stadelheim hingerichtet

Dr. Marie-Luise Schultze-Jahn

28. Mai 1918	geboren als älteste Tochter von drei Geschwistern von Paul Jahn und Ilse Jahn geb. Praël auf einem Landgut in Sandlack/Ostpreußen (heute polnisch)
1932–1934	Nach Privatunterricht Besuch des Lyzeums der Kreisstadt Bartenstein (heute polnisch)
1934–1937	Schülerin des Internats Königin-Luise-Stiftung in Berlin, Abschluss: Abitur
9. November 1938	Das Erleben der Ausschreitungen während der Pogromnacht („Reichskristallnacht") führt zu einer Infragestellung der politischen Verhältnisse
April – Oktober 1939	Reichsarbeitsdienst Einsatz zur Landarbeit auf einem Bauernhof östlich von Frankfurt/Oder, nahe der deutsch-polnischen Grenze
Frühjahr 1940	Beginn des Chemiestudiums am Chemischen Staatslabor der Universität München, unter der Leitung des Nobelpreisträgers Geheimrat Prof. Dr. Heinrich Wieland
Winter 1941/42	Bekanntschaft und Freundschaft mit Hans Leipelt, der ebenfalls in München Chemie studiert
Anfang Februar 1943	Professor Kurt Huber schreibt das 6. Flugblatt der Weißen Rose, das Hans Leipelt mit der Post erhält
18. Februar 1943	Verhaftung von Hans und Sophie Scholl im Lichthof der Universität München

19. Februar 1943	Verhaftung von Christoph Probst
22. Februar 1943	Der Volksgerichtshof verurteilt Hans und Sophie Scholl und Christoph Probst zum Tode. Die drei Studenten werden noch am selben Tag in Stadelheim hingerichtet. Hans Leipelt und Marie-Luise Jahn tippen das 6. Flugblatt ab und geben ihm die Überschrift: „... und ihr Geist lebt trotzdem weiter!“
April 1943	Osterferien in Hamburg. Hans Leipelt und Marie-Luise Jahn geben ihren Freunden Karl Ludwig Schneider, Heinz Kucharski und Greta Rothe das 6. Flugblatt sowie anderes brisantes Material
Herbst 1943	Geldsammlung für Frau Huber, die nach der Verhaftung und Hinrichtung ihres Mannes Prof. Kurt Huber mit ihren beiden Kindern völlig mittellos ist. Diese Sammelaktion wird bei der Gestapo denunziert
8. Oktober 1943	Verhaftung von Hans Leipelt
18. Oktober 1943	Verhaftung von Marie-Luise Jahn
13. Oktober 1944	Prozess gegen Hans Leipelt, Marie-Luise Jahn u. a. vor dem 2. Senat des Volksgerichtshofes in Donauwörth. Die Anklage lautet: „[...] Vorbereitung zum Hochverrat in Tateinheit mit Wehrkraftzersetzung, Feindbegünstigung und Rundfunkverbrechen“

	Für Marie-Luise Jahn wird die Todesstrafe beantragt
	Professor Dr. Heinrich Wieland tritt als Entlastungszeuge auf
	Marie-Luise Jahn wird zu 12 Jahren Zuchthaus verurteilt
29. Januar 1945	Hans Leipelt wird in Stadelheim hingerichtet
29. April 1945	Marie-Luise Jahn wird von amerikanischen Soldaten aus dem Zuchthaus Aichach befreit
1945/46	Tätigkeit als Schreibkraft bei amerikanischen Dienststellen in Bayreuth
Herbst 1946	Beginn des Medizinstudiums in Tübingen
1953	Promotion zum Dr. med.
ab 1954	Tätigkeit in verschiedenen Kliniken mit Ausbildung zur Fachärztin für Innere Medizin
1969–1988	Freie Praxis in Bad Tölz
1987–2002	Gründungsmitglied der Weißen Rose Stiftung e. V. in München
	Weiterhin Vorträge und Gespräche v. a. mit Jugendlichen in der Denkstätte Weiße Rose sowie in Schulen, Volkshochschulen, Jugendbegegnungsstätten

Danksagung

Mein Dank geht an alle, die mich bei der Planung und Durchführung meiner Erinnerungen persönlich und finanziell unterstützt haben:

– Harald Strötgen (Vorstandsvorsitzender der Stadtsparkasse München), Dr. Barbara Distel (Leiterin der KZ-Gedenkstätte Dachau), Michael Kaufmann (Leiter der Denkstätte Weiße Rose 1997–2002), Ilse Hadrys, Barbara Schwendtner und Franz Mayer.

– Bezirksausschuss Maxvorstadt, Landeszentrale für politische Bildungsarbeit in Bayern, Sparkasse Bad Tölz, Firma Moll, Freundeskreis Familie Mann (Bad Tölz), Bündnis 90/Die Grünen (Bad Tölz), Buchhandlung Winzerer (Bad Tölz) und weiteren Privatpersonen.

Mein ganz besonderer Dank geht an Dr. Anne-Barb Hertkorn. Ohne ihre Initiative und Beharrlichkeit in allen Schwierigkeiten wäre das Buch nicht zustande gekommen.

Dr. Marie-Luise Schultze-Jahn

Quellen und Literatur

Archivalien

Institut für Zeitgeschichte, München (IfZ)
FA 215, Band 1–5 (Sammlung Weiße Rose)
Urteile gegen Leipelt, Jahn und andere, 13. Oktober 1944, FA 215, Band 1, 206–225.
Bericht von Dr. Marie-Luise Schultze-Jahn, 13. September 1964, FA 215, Band 3, 148–151.

Privatarchiv Dr. Marie-Luise Schultze-Jahn
Anklageschrift gegen Leipelt, Jahn und andere (Kopie)
Aufzeichnungen, Briefe, Dokumente

Schülerwettbewerbe

- „... und ihr Geist lebt trotzdem weiter!“ Im Namen des deutschen Volkes – Die Familie Leipelt aus Harburg-Wilhelmsburg 1938–45. Ein Beitrag zum Schülerwettbewerb Deutsche Geschichte 1983 von Stefan Bergeest, Axel Mühlhaus, Heike Riemann, Susanne Rieper, Karsten Schween; Tutor Herr Klaus Möller; Gymnasium Göhlbachtal, Hamburg-Harburg, Hamburg 1983.
- Frederic Wünsche: Marie-Luise Schultze-Jahn. Ein Leben für Freiheit, Frieden und Gerechtigkeit im Zeichen der „Weißen Rose“. Ein Beitrag zum Wettbewerb um den Bertini-Preis 1999; Heisenberg-Gymnasium Hamburg, Hamburg 1999.

Literatur

Karl Alt: Todeskandidaten, München 1946.

Angela Bottin (Hrsg.) unter Mitarbeit von Rainer Nicolaysen: Enge Zeit. Spuren Vertriebener und Verfolgter der Hamburger Universität. Katalog zur Ausstellung in der Hamburger Universität vom 23. Februar bis 4. April 1991, Hamburg 1991

Candidates of Humanity, Dokumentation zur Hamburger Weißen Rose anläßlich des 50. Geburtstages von Hans Leipelt. Bearbeitet von Ursel Hochmuth. Herausgegeben von der Vereinigung der Antifaschisten und Verfolgten des Naziregimes Hamburg e. V., Hamburg 1971.

Klaus Drobisch: Wir schweigen nicht! Die Geschichte der Geschwister Scholl und ihrer Freunde. Eine Dokumentation über den antifaschistischen Kampf Münchner Studenten 1942/43, Berlin 1968.

Richard Hanser: Deutschland zuliebe. Leben und Sterben der Geschwister Scholl. Die Geschichte der Weißen Rose, München 1982.

Ursel Hochmuth/Gertrud Meyer: Streiflichter aus dem Hamburger Widerstand 1933–1945, Frankfurt a. M. 1969.

Ilse Jacob: Die Widerstandsgruppe Weiße Rose in Hamburg, in: Ilse Jacob: „und die Verantwortung wär' dein", Hamburg 1963.

Karl-Heinz Jahnke: Weiße Rose contra Hakenkreuz. Der Widerstand der Geschwister Scholl und ihrer Freunde, Frankfurt a. M. 1969.

Günther Kirchberger: Die Weiße Rose. Studentischer Widerstand gegen Hitler in München, München 1980.

Gertrud Meyer: Nacht über Hamburg, Frankfurt a. M. 1971.

Torsten Müller: Eine Rose mit vielen Zweigen, in: Deutsches Allgemeines Sonntagsblatt, 19. Februar 1971.

ders.: Scholl und Leipelt und andere, in: Deutsches Allgemeines Sonntagsblatt, 20. Februar 1983.
Inge Scholl: Die Weiße Rose, Frankfurt a. M. 1982.
Michael C. Schneider/Winfried Süß: Keine Volksgenossen. Der Widerstand der Weißen Rose. Herausgegeben vom Rektoratskollegium der Ludwig-Maximilians-Universität München, München 1993.
Marie-Luise Schultze-Jahn: Hans Leipelt – Ein Kapitel Münchener Hochschule im Nationalsozialismus, in: Hinrich Siefken (Hrsg.): Die Weiße Rose. Student Resistance to National Socialism 1942/43. Forschungsergebnisse und Erfahrungsberichte, Nottingham 1991, S. 67–76.
Ottmar Seuffert: Strafsache gegen Leipelt und andere. In: Hans Leipelt Schule. 25 Jahre Staatliche Fachoberschule Donauwörth, Donauwörth 1995.
Harald Steffahn: Die Weiße Rose, Reinbek 1999.
Weiße Rose Stiftung e. V. (Hrsg.): Die Weiße Rose. Der Widerstand von Studenten gegen Hitler, München 1942/43, Ausstellungskatalog, München o. J.

Dokumentarfilme

Antrag Todesstrafe, Regie: Rotraud Kühn, Bayerisches Fernsehen, Reihe: Lebenslinien, 1992.
Nein! Zeugen des Widerstandes in München 1933–1945, Regie: Katrin Seybold, München 1998.

Bildnachweis

Abb. 4, 5, 9, 10, 11, 12: Privatbesitz Dr. Marie-Luise Schultze Jahn

Abb. 1: Stadtarchiv München

Abb. 2: Sammlung Prof. Bernd Wittkop

Abb. 3: Privatbestz Anna Tućková

Abb. 6/7: Privatbesitz Prof. Jürgen Wittenstein

Abb. 8: Stadtarchiv Donauwörth

Bibliothek der Erinnerung

Herausgegeben von Wolfgang Benz

Theresienstadt
Aufzeichnungen von Federica Spitzer und Ruth Weisz
1997, 171 Seiten, geb., EUR 14.– *(Band 1)*

LOTTE STRAUSS
Über den grünen Hügel
1997, 212 Seiten, geb., EUR 18.– *(Band 2)*

Die Erfahrung des Exils
Herausgegeben von Wolfgang Benz und Marion Neiss
1997, 176 Seiten, geb., EUR 15.– *(Band 3)*

ERNST LOEWY
Jugend in Palästina
1997, 243 Seiten, geb., EUR 17.– *(Band 4)*

ERWIN TICHAUER
Totenkopf und Zebrakleid
2000, 212 Seiten, geb., EUR 16.– *(Band 5)*

ALINA MARGOLIS-EDELMAN
Als das Ghetto brannte
2000, 139 Seiten, geb., EUR 14.– *(Band 6)*

RACHEL RON
Mond über der Uhlandstraße
2000, 160 Seiten, geb., EUR 14.– *(Band 7)*

JAKOB LITTNER
Mein Weg durch die Nacht
Herausgegeben von Roland Ulrich und Reinhard Zachau
2002, 245 Seiten, geb., EUR 18.– *(Band 8)*

EDITH GRÖTZINGER
Und wieder blüht der Mandelbaum
2002, 197 Seiten, geb., EUR 18.– *(Band 9)*